LANGAGE ET CROYANCE

Les « univers de croyance »
dans la théorie sémantique

 *PHILOSOPHIE ET LANGAGE*

Robert MARTIN

langage et croyance

Les « univers de croyance » dans la théorie sémantique

PIERRE MARDAGA, EDITEUR
2, GALERIE DES PRINCES, 1000 BRUXELLES

© Pierre Mardaga, éditeur
37, rue de la Province, 4020 Liège
2, Galerie des Princes, 1000 Bruxelles
D. 1987-0024-1

On ne peut jamais que croire et (...) toute la différence est entre les téméraires qui croient qu'ils savent et les sages qui savent qu'ils croient.
(J. Rostand, Ce que je crois, *13*).

Table des abréviations et des symboles

a, b, c…	arguments
C	croire que
Cap (ou : aCp)	a croit que p
COND	conditionnel
F	faux
F	futur (comme opérateur logique)
FUT	futur (comme temps grammatical)
FUT ANT	futur antérieur
IMP	imparfait
LOC	locuteur
LS	*Pour une logique du sens*, v. Bibliographie
m_o	monde de ce qui est
m	monde(s) potentiel(s)
$\bar{m}$	monde(s) contrefactuel(s)
NC	nom commun
ni V / ni F	ni vrai ni faux
NP	nom propre
p, q, r…	propositions
P, Q, R…	prédicats
P	passé (comme opérateur logique)
$\mathcal{P}, \mathcal{Q}, \mathcal{R}$…	classes de prédicats
PC	passé composé
PH	présent historique
PQP	plus-que-parfait
PR	présent (comme temps grammatical)
S	savoir que
S	présent (comme opérateur logique)
Sap (ou : aSp)	a sait que p

ssi	si et seulement si
S^u	savoir si
$S^u ap$ (ou : $aS^u p$)	a sait si p
t_o	moment de l'énonciation
U	univers de croyance
U_i	univers d'un locuteur donné à l'instant i
U_{i+k}	univers d'un locuteur donné à l'instant i + k
U_{il}	univers de croyance de *il*
U_{je}	univers de croyance de *je* (univers du locuteur)
U'	image d'univers
U'_{je}	image de l'univers de *je*
V	vrai
± V	plus ou moins vrai
∝	partie inaccomplie du PR ou de l'IMP
ω	partie accomplie du PR ou de l'IMP
~ p	p est une proposition négative
? p	p est une proposition interrogative
⊣ p	p est une proposition assertée
⊢ p	p est une tautologie
◇ p	il est possible que p
□ p	il est nécessaire que p
⊡ p	il est probable que p
∈	signe d'appartenance
∉	signe de non-appartenance
∀ x	tout x
∃ x	il existe au moins un x tel que…
∃ ! x	il existe un et un seul x tel que…
$p \to q$	p présuppose q

Introduction

Bien qu'il paraisse dans une collection de philosophie, ce livre est dû à la réflexion d'un linguiste. Il est vrai que le sujet intéresse l'une et l'autre discipline; mais son ampleur imposait de le restreindre, et, ne serait-ce qu'en raison de compétences insuffisantes, c'est au détriment de la philosophie qu'il l'a été. Une part importante pouvait être consacrée à la langue comme réceptacle de croyances communes: la phraséologie, les métaphores usées, les métonymies habituelles révèlent beaucoup sur l'imaginaire collectif. Un Français peut «se ronger les sangs», être victime d'un «coup de sang», le sang peut «se glacer» ou «se figer» dans ses veines. Dans l'adversité, il se fait du «mauvais sang». Les «liens du sang» l'unissent aux autres membres de sa famille. Que d'aperçus sur la conception des choses que la langue recèle! Le lexique porte en lui la marque de croyances profondément enracinées. Mais rien n'en sera dit, pas plus que des croyances qu'implicitement le discours véhicule (*On peut s'entendre avec Marie, bien qu'elle soit fémininiste*). Rien non plus sur la manière dont le dialogue modifie les croyances de ceux qui le conduisent. Quoique essentiels, tous ces thèmes le céderont à une visée fort limitative. Il s'agira sans plus de montrer le gain que procure à la théorie véri-conditionnelle du langage une notion épistémique déjà utilisée dans un précédent ouvrage[1] et dont la portée heuristique et la valeur explicative ont paru dignes de quelque intérêt: la notion d'*univers de croyance*. En d'autres termes, on voudrait apporter une contribution, au reste fragmentaire, à ce que l'on peut appeler une logique épistémique du langage ordinaire.

Dans la conception du langage ici exposée, la dimension épistémique tient une place déterminante. On part en effet de l'idée qu'il y a tout à gagner, dans une approche véri-conditionnelle, à relativiser la vérité par rapport à des univers de croyance. Les mondes possibles eux-mêmes sont subordonnés à ces univers. Un certain nombre d'arguments ont été précédemment avancés[2]; le plaidoyer se poursuit ici, plus systématiquement étayé.

Une première approximation conduit à définir l'univers de croyance comme l'ensemble des propositions qu'au moment où il s'exprime le locuteur tient pour vraies (et conséquemment celles qu'il tient pour fausses) ou qu'il cherche à accréditer comme telles. Même sous cette forme rudimentaire, les univers de croyance éclairent bon nombre de phénomènes.

Ainsi certaines contradictions épistémiques se dénouent aisément. Un magazine littéraire a pu poser récemment cette question dont l'intérêt n'échappera à personne : *Victor Hugo est-il le fils de son père?* C'est donc qu'on peut ne pas être le fils de son père. Seules en douteront les âmes naïves! C'est même possible de deux façons très différentes, et une phrase comme celle-ci : *Victor n'est pas le fils de son père* apparaîtra comme sémantiquement ambiguë. En effet :

a) Victor peut être le fils de son père par le sang, mais lui ressembler si peu que, d'une certaine façon, il n'est pas son fils. Une telle interprétation joue sur le vague des prédications linguistiques. Ce que nous disons est plus ou moins vrai (souvent moins que plus). En l'occurrence, le prédicat *être le fils de son père* n'est pas pleinement approprié, faute d'une ressemblance suffisante du père et de son fils.

b) Mais Victor peut aussi ne pas être le fils de celui qu'on *croyait* son père. Les certitudes en la matière sont si délicates à établir! Dans cette interprétation, *Victor est le fils de Léopold-Sigisbert* est une phrase vraie dans un certain état de croyance et fausse dans un autre. On pourrait écrire : *Victor n'est pas le fils de «son père»*, où «son père» serait la mention de l'opinion d'un autre ou d'une opinion qu'on a eue soi-même, mais qu'on n'a plus. L'univers de croyance de celui qui parle se double d'un autre, dont relève pour partie la teneur de ce qui est dit.

La même notion apporte aussi une solution élégante au paradoxe des contextes obliques, du moins quand ils sont de nature épistémique :

(a) *Pierre recherche l'agresseur de son amie*;
(b) *L'agresseur de son amie, c'est Jo-le-terrible*;
(c) *Pierre recherche Jo-le-terrible*.

Dans un tel contexte oblique, induit par le verbe «psychologique» *rechercher*, la substitution des identiques ne garantit pas l'invariance des valeurs de vérité. Rien ne dit que Pierre sache, comme je le sais moi-même, que l'agresseur de son amie est Jo-le-terrible; (b) n'étant assurément vrai que dans mon propre univers, la vérité de (c) ne peut sans risque être étendue à l'univers de Pierre: là *l'agresseur de son amie* peut avoir seulement une lecture attributive et non pas référentielle («celui, quel qu'il soit, qui a agressé son amie»).

Le verbe *voir* suivi d'infinitif donne lieu aussi à d'apparentes contradictions:

> *Marie l'a vu faire une grimace, mais elle n'a pas vu que c'était une grimace, car elle a cru que c'était un tic.*

La proposition sous-jacente *Il a fait une grimace* n'est vraie que dans mon propre univers et non dans celui de Marie, pour qui ce qui était une grimace n'était pas une grimace, mais un tic. C'est la distance entre le voir comme perception et l'interprétation du voir, différente dans deux univers, qui permet de résoudre le paradoxe.

Un des avantages les plus appréciables des univers de croyance est de mettre sur la voie d'une solution dans l'épineux problème des présuppositions. Une proposition q est présupposée par p si et seulement si q est vrai que p soit vrai ou qu'il soit faux. Cela revient à dire que q est vrai dans tous les cas, vrai dans tous les mondes possibles. Ainsi *reprocher qqc. à qqn* laisse entendre que ce qqn s'est rendu coupable de ce qqc.

(a) *Marie lui reproche de l'avoir réveillée*

présuppose:

(b) *Il a réveillé Marie.*

Pourtant on accepte fort bien:

(c) *Marie lui reproche de l'avoir réveillée. Mais ce n'est pas du tout lui qui l'a réveillée.*

On comprend comment le présupposé peut être nié: c'est à la faveur d'un changement d'univers. Le présupposé (b) appartient seulement à l'univers de Marie. Pour moi qui parle, le reproche de Marie n'est pas fondé et du fait même (a) ne va pas sans absurdité. Ni vraie ((b) étant faux), ni fausse (Marie se plaignant effectivement qu'il l'ait réveillée), la phrase (a) échappe à mon propre univers. Il m'est impossible de la prendre en charge, ni comme une phrase vraie, ni comme une phrase fausse. Seules la mention de l'univers d'autrui et la rectification aussitôt introduite au moyen de *mais* me permettent de l'énoncer. Ainsi pointe l'idée de la non-appartenance possible d'une phrase à un univers de croyance. La phrase (a), dans mon univers, n'est pas une phrase décidable.

C'est cette notion de décidabilité qu'il convient d'entrée de préciser. Ce sera l'objet de la première partie, où l'on évoquera également la consistance des univers. L'ouvrage se composera de cinq parties regroupant onze chapitres. La première sera consacrée à la définition des univers de croyance (chap. I et II). La seconde opposera l'opérateur épistémique *savoir* et l'opérateur épistémique *croire* (chap. III et IV). La troisième développera l'idée d'*image* (chap. V à VIII), la quatrième celle du temps *de dicto* défini comme le lieu où fluctuent les croyances (chap. VIII et IX). Enfin dans la dernière partie (chap. X et XI), la quantification sur les univers de croyance conduira de la vérité subjective à la vérité analytique : celle-ci devrait faire retrouver l'espoir, par-delà la relativité subjective du vrai, de sauver la théorie de la mouvance des sables[3].

NOTES

[1] *Pour une logique du sens*, Paris, PUF, 1983 (abrév. *LS*).
[2] *LS*, en partic. pp. 48-53.
[3] Diverses publications antérieures ont été au moins pour partie mises à profit dans cet ouvrage : toutes ont été remaniées — souvent substantiellement — pour s'intégrer à l'ensemble. Les voici dans l'ordre chronologique :
- Relation concessive et univers de croyance, *Mod. ling.* 1982, 4, 27-39.
- La notion d'univers de croyance dans la définition du nom propre, *Linx*, 1983, 9, 7-28.
- L'opérateur intensionnel «savoir», *H.E.L.* 1983, 5, 213-227.
- Remarques sur la logique de la relation concessive. *In*: L'expression de la concession, Paris, *Linguistica Palatina, Colloquia* I, 1983, 5-12.
- L'interrogation comme universel du langage. *In*: L'interrogation, Paris, *Linguistica Palatina, Colloquia* II, 1984, 257-284.
- Pour une approche sémantico-logique du *ne* dit «explétif», *R. Ling. rom.* 1984, 48, 99-121.
- Langage et temps *de dicto*, *Lgue fr.* 1985, 67, 23-37.
- Univers de croyance, temps *de re* et temps de *dicto*, communication présentée au Colloque sur Temps et aspects, Ivry, Lacito, 1985.
- Aspects de la phrase analytique, *Langages* 1985, 79, 40-54.

PREMIERE PARTIE

Définition des univers de croyance.
Décidabilité et consistance

Chapitre I
Univers de croyance et décidabilité

Voyons avant toute chose quelle définition proposer des univers de croyance : les notions de *décidabilité* et de *consistance* jouent là un rôle déterminant. Dès lors que le locuteur est en mesure d'attribuer à une proposition quelconque une valeur de vérité, cette proposition appartiendra à son univers de croyance; elle y sera réputée décidable. Au contraire, on la déclarera indécidable s'il n'en est pas ainsi. Voilà qui paraît limpide : il n'en demeure pas moins qu'il faut dire avec exactitude quelle réalité linguistique la décidabilité recouvre. Quant à la consistance, le problème est de savoir si les conséquences logiques des propositions que l'univers comporte n'entrent jamais en contradiction avec elles-mêmes : disons tout de suite que pareille exigence semble tout à fait excessive; mais dès lors est mise en cause la possibilité même du calcul.

Essayons tout d'abord de séparer les propositions décidables de celles qui ne le sont pas, c'est-à-dire de délimiter aussi nettement que possible l'ensemble que forme un univers de croyance.

I. Les propositions décidables

Une proposition sera dite *décidable* dans l'univers U_i si elle a une valeur de vérité dans l'un au moins des mondes que l'univers U_i comporte. La notion de proposition décidable est ainsi liée à la structure même des univers de croyance. C'est donc elle que nous allons d'abord préciser, notamment la notion d'image d'univers.

A. *Structure des univers de croyance*

1. *Mondes potentiels et mondes contrefactuels*

Le vrai et le faux n'épuisent évidemment pas les valeurs que le locuteur peut attribuer à ce qu'il énonce. Certaines propositions lui paraîtront seulement possibles. De même qu'une proposition est vraie si elle est donnée pour vraie, de même une proposition sera possible si elle est assumée comme telle : elle sera inscrite comme vraie dans au moins un des mondes possibles que l'univers comporte. Deux sortes de mondes possibles (m) sont à distinguer :

— des mondes potentiels (m) : ces mondes ne contiennent aucune proposition contradictoire avec celles de m_o, le monde que le locuteur admet comme le monde de ce qui est; les mondes potentiels présentent comme vrai ou comme faux ce qui, dans m_o, apparaît comme possiblement vrai ou possiblement faux; ainsi *Il est possible que Pierre soit revenu* évoque un monde où *Pierre est revenu* est une proposition vraie;

— des mondes contrefactuels ($\bar{m}$) : ces mondes contiennent au moins une proposition contradictoire avec celles de m_o; ils donnent pour vraie une proposition qui, dans m_o, est admise pour fausse. Ainsi *Si Pierre avait réussi...* laisse entendre que Pierre n'a pas réussi. La réussite de Pierre est évoquée dans un monde contrefactuel.

Ces données peuvent se représenter à l'aide de colonnes (les colonnes de Beth) et de lignes. Les lignes du demi-plan supérieur distinguent les mondes potentiels m, le monde m_o étant placé au plus proche de la ligne séparatrice; dans le demi-plan inférieur, les lignes distinguent les mondes contrefactuels. A gauche du trait vertical, on inscrit le vrai; à droite le faux. Dans le schéma suivant, *p* est une proposition possible, *q* une proposition fausse et, conséquemment, contrefactuelle :

```
         ⎧ ─────────────────│─────
         ⎪ ─────────────────│─────
    m    ⎨ ─────────────p───│─────
         ⎪ ─────────────────│─────
         ⎩ ─────────────────│─────

   m_o   ──────────────◇p───│─q───

         ⎧ ─────────────────│─────
         ⎪ ─────────────q───│─────
    m̄    ⎨ ─────────────────│─────
         ⎪ ─────────────────│─────
         ⎩ ─────────────────│─────
```

Les mondes possibles sont *monologiques*[1] (ou *extensionnels*) : à partir de la valeur qu'a p dans la colonne de gauche (celle du vrai), il est toujours possible de «calculer» sa valeur dans la colonne de droite. L'inscription de p à gauche, entraîne celle de $\sim p$ à droite, et inversement. De même pour les valeurs intermédiaires (celles qu'impose l'existence du «flou») : si p est vrai à 0,7, il est faux à 0,3. En d'autres termes, dans tous les cas l'opérateur de négation est un opérateur extensionnel (il en est tout différemment d'un opérateur comme celui de nécessité : la vérité de $\Box\, p$ ne permet d'aucune façon d'inférer la vérité ou la fausseté de p).

Les mondes contrefactuels se répartissent eux-mêmes en deux sous-ensembles :
- les mondes accidentellement contrefactuels, mondes de ce qui est faux mais qui aurait pu être vrai (*Si Pierre avait réussi...*);
- les mondes essentiellement contrefactuels, mondes de ce qui est faux et qui ne pouvait être vrai, car c'est le fruit de ma seule imagination (*Si Napoléon était au pouvoir...*).

N.B. On ne confondra pas contrefactuel et fiction. La fiction crée l'illusion du vrai : le locuteur se double d'un narrateur dont l'univers de croyance n'est autre que l'univers de la fiction. A l'intérieur de cet univers, comme dans tout autre univers, s'opposent le monde de «ce qui est», les mondes potentiels et les mondes contrefactuels. Julien Sorel ou le Professeur Tournesol peuvent évoquer ce qui aurait pu être, tout comme le font Pierre ou Marie.

2. *Univers de croyance et temps* de re

La vérité des propositions ne va pas en dehors du temps *de re* : les propositions valent pour un intervalle passé, présent ou futur. *Pierre est revenu*, actuellement vrai, n'était pas forcément vrai hier soir ou avant-hier, et rien ne dit que Pierre ne repartira pas sous peu. Dans les univers de croyance, les mondes possibles se croisent donc avec les intervalles temporels, créant un espace à deux dimensions.

t_{o-k}		intervalle comprenant t_o		t_{o+n}	
		p			
p		$\Diamond p$		p	
			p		

(p est vrai en t_{o-k}; possible en t_o; faux — contrefactuel — en t_{o+n}).

La vérité de *p* à un intervalle donné (c'est-à-dire l'inscription de *p* dans m_o) entraîne sa vérité dans tous les mondes potentiels que cet intervalle comporte. Si Pierre est là en ce moment, alors il est impossible de considérer qu'il n'est pas là en ce moment. Si j'évoque son absence, c'est forcément dans un monde contrefactuel :

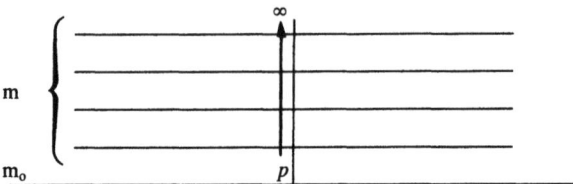

L'idée de nécessité suppose la vérité non seulement dans les mondes d'un intervalle déterminé mais dans tous les mondes potentiels. La fausseté d'une proposition nécessaire ne peut être que contrefactuelle :

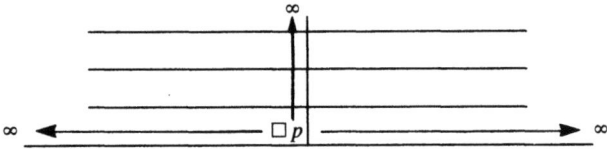

Le fer fond à 1500° est une proposition nécessairement vraie, en vertu des lois de la nature. Je puis naturellement envisager ce qu'il adviendrait si le fer fondait à 30 ou 40° (la Tour Eiffel aurait dès longtemps fondu) : mais c'est dans un monde imaginaire. Et il est bien entendu que c'est moi qui donne cette proposition pour nécessairement vraie ; il se peut fort bien que pour quelque autre elle soit douteuse ou fausse.

3. *Cinétisme de la valeur de vérité*

Une notion particulièrement importante, inspirée de la linguistique guillaumienne, est celle du cinétisme de la valeur de vérité[2]. Dire que *p* est vrai dans au moins un monde possible n'équivaut d'aucune façon à dire qu'il est faux dans au moins un monde possible. S'il est vrai dans au moins un monde, on peut envisager qu'il le soit dans la plupart, voire dans tous; et de même pour le faux. On peut ainsi décrire la différence, en français, entre:

S'il vient demain, ... (vrai dans au moins un monde, cinétiquement orienté vers le vrai dans m_o)
d'où *S'il vient demain comme c'est possible...*
S'il vient demain comme c'est probable...
et

S'il venait demain (faux dans au moins un monde, cinétiquement orienté vers le faux dans m_o)
d'où *S'il venait demain comme c'est possible...*
mais non * *S'il venait demain comme c'est probable...*

Ainsi certaines formes d'imparfait servent-elles indifféremment de potentiel ou d'irréel (*S'il était là...* «il n'est pas impossible qu'il soit là» / «je sais qu'il n'est pas là»).

B. Les images d'univers

Au lieu de conférer lui-même à une proposition une valeur de vérité, le locuteur peut aussi la situer dans quelque univers qu'il évoque. On appellera *image* la représentation d'un univers dans le discours. Il y a image d'univers dès lors que, épistémiquement, le locuteur renvoie, dans son discours, à un univers de croyance.

1. Il en est ainsi quand le locuteur évoque un *hétéro-univers*[3]
- que ce soit l'univers d'un énonciateur dont est rapporté le dire, la pensée ou la croyance (*Il affirme, il pense, il s'imagine... que p*),
- ou que ce soit l'univers du locuteur en un temps différent de celui de l'énonciation (*Je pensais alors que p, je m'imaginais que p...*).

L'hétéro-univers est l'univers tel que, en t_o, le locuteur le voit; il est donc subordonné à l'univers actuel du *je*. Soit, pour la phrase *Il dit que p*:

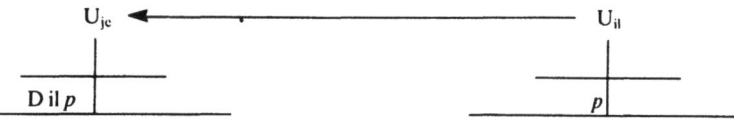

2. Mais la notion d'image est plus générale que celle d'hétéro-univers. Elle couvre toutes les modalités épistémiques, y compris :
- les cas où le locuteur décrit son propre univers actuel (U'_{je}) :

Je crois que p

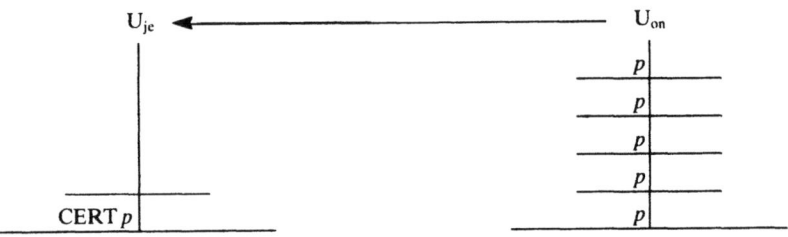

(p est vrai dans la plupart des mondes potentiels de U'_{je})

- les cas où un modalisateur épistémique renvoie anonymement (U_{on}) au certain, au vraisemblable, au plausible :

Il est certain que p

Dans l'usage ordinaire, *probable* et même *possible* prennent souvent des valeurs épistémiques. L'interprétation ontique (aléthique) de *Il est probable que p* conduira à inscrire p dans la plupart des mondes possibles de U_{je}; l'interprétation épistémique dans la plupart des mondes possibles de U_{on}[4].

L'image ainsi conçue est naturellement localisable dans le temps (*il croit, croyait, croira que p; il est, était, sera probable que p...*) : l'opérateur modal se situe alors dans le champ d'un opérateur temporel *de dicto*.

3. La notion d'image peut s'étendre enfin à certains cas de contrefactuel. Une phrase négative n'a de sens que s'il y avait lieu de penser (image d'univers) que le procès évoqué avait des chances de se réaliser. Si je dis que Pierre n'est pas là, c'est qu'il aurait pu se faire qu'il soit

là, qu'on pouvait le penser. Les mondes contrefactuels (du moins quand ils ne sont pas «essentiellement contrefactuels») sont donc des mondes qui étaient possibles mais que je ne considère plus comme tels. Au fil du temps, ce qui est possible soit se réalise, soit devient contrefactuel et tombe, épistémiquement, dans une image d'univers.

II. Les propositions indécidables

A définir l'univers de croyance comme l'ensemble des propositions auxquelles le locuteur est en mesure d'attribuer une valeur de vérité (vrai, faux, possiblement vrai, possiblement faux), la question reste posée des propositions qui n'y appartiennent pas, c'est-à-dire des propositions indécidables. Dans un premier temps, on abordera le problème négativement : l'indécidabilité prend place parmi d'autres types d'indétermination de la valeur de vérité; elle n'est pas à confondre avec l'indétermination de l'énoncé interrogatif, ni avec l'indétermination de l'énoncé ambigu ou flou. Ensuite on envisagera positivement ce qui tombe dans son champ, c'est-à-dire l'inintelligible, l'absurde, le disconvenant.

A. *Indétermination de la phrase interrogative*

1. La phrase interrogative est certes indéterminée au regard de la vérité. Elle apparaît comme un au-delà par rapport au vrai et au faux, comme une fonction suspensive de la valeur de vérité, comme la mise en débat d'une proposition préalablement envisagée dans quelque image d'univers comme vraie ou comme fausse. Un grand nombre d'arguments plaide en faveur d'une telle conception.

a) Elle trouve un solide fondement dans les faits d'anaphore. Certes l'anaphore peut se faire à la question elle-même :
- *Viendra-t-il demain ?*
- *Je me le demande aussi* («Je me demande aussi : Viendra-t-il demain ?»).

Mais on peut aussi renvoyer anaphoriquement à l'assertion sous-jacente :
- *Viendra-t-il demain ?*
- *Ce serait trop beau* («Il viendra demain : ceci serait trop beau»).

Pour que ce renvoi opère, il y faut, à vrai dire, quelque élément virtualisant. *Il viendra demain* n'ayant, dès lors qu'il est mis en question, ni la valeur «vrai» ni la valeur «faux», une forme comme le

conditionnel doit le situer dans le possible. Un mécanisme comparable joue pour l'adverbe *alors*:
- *Est-ce qu'il viendra demain? Parce qu'alors...* («s'il en est ainsi»).

Ce n'est qu'à la faveur d'un changement d'univers que l'élément virtualisant peut disparaître:
- *Est-ce qu'il viendra?*
- *C'est sûr.*

L'anaphore à l'assertion sous-jacente se reconnaît également dans les systèmes de réponses que mettent en œuvre des langues comme le coréen ou le japonais. A la question *Il viendra?*, là où le français dit «oui», le coréen répond par *ne*.

A la question *Il ne viendra pas?*, là où le français dit «non», le coréen répond également par *ne*.

Dans le premier cas, il faut interpréter *ne* par «Oui, vous avez raison de dire *Il viendra*».

Dans le second, par: «Oui, vous avez raison de dire *Il ne viendra pas*».

On voit la part du mécanisme anaphorique. Il est également en cause dans le fr. *si (Non p? - Si*: «non *non p*»).

b) L'idée de la suspension de la valeur de vérité explique aussi l'affinité remarquable qui lie l'interrogation à la conjonction de subordination (dans l'interrogation totale) ou au relatif (dans l'interrogation partielle). Les travaux générativistes ont maintes fois montré le lien de l'interrogation au «complémentiseur». En gotique, le mot interrogatif *ibai* est en même temps conjonction de subordination («que»). Dans un grand nombre de langues, la morphologie du relatif (*qu-* en fr., *wh-* en angl.) est identique ou comparable à celle des interrogatifs.

Cela se conçoit. Une phrase subordonnée, en tant que telle, n'a pas plus qu'une interrogative la valeur «vrai» ou la valeur «faux». Dans *Il sait que p, p*, en soi, n'est ni vrai, ni faux. La valeur «vrai» se trouve contextuellement rétablie grâce au verbe *savoir*. Mais ailleurs c'est la valeur «faux» qui, contextuellement, s'impose, p. ex. après *s'imaginer que (Il s'imagine que p)*. De même pour la subordonnée relative: tout dépend du contexte antécédent (*J'ai cru voir un homme qui entrait; l'homme qui vient d'entrer...*).

En fr. populaire, les formes scindées de l'interrogation (*Comment que tu dis?, Où que tu vas?, Qui que tu regardes?*) sont particulièrement significatives: elles isolent la fonction suspensive (*que*) de la marque interrogative, qui a dès lors pour seul rôle de manifester le lieu de l'interrogation (sujet, objet, manière...).

Un des moyens que les langues se donnent pour marquer l'interrogation est celui de l'inversion. Mais on observera que celle-ci n'est pas étrangère au mécanisme de la subordination[5]. Que l'on compare :

{ *S'il lui arrivait de mentir, c'était par inadvertance*
{ *Lui arrivait-il de mentir, c'était par inadvertance*

{ *Si menteur qu'il soit, ...*
{ *Si menteur soit-il, ...*

{ *Peut-être qu'il ment*
{ *Peut-être ment-il*

{ *S'il est menteur, je n'en sais rien*
{ *Est-il menteur, je n'en sais rien.*

Par rapport à l'assertion, l'interrogation apparaît donc comme une opération seconde[6], suspensive de la valeur de vérité.

2. Mais la suspension de la valeur de vérité n'est pas à confondre avec le rejet hors de l'univers de croyance. L'idée que la phrase interrogative n'a aucune valeur de vérité se heurte pour le moins à deux obstacles.

a) Dire sans plus que la question est «ni V / ni F», c'est négliger la différence énorme qui sépare les questions que je suis capable de me poser moi-même et celles qui ne peuvent être que des questions qu'on me pose. Les premières seules ont pour moi un sens. Supposons que l'on me demande si la ménadione dérive de la naphtoquinone : comme j'ignore jusqu'à l'existence et de la ménadione et de la naphtoquinone, je suis dans l'incapacité totale de formuler aucune opinion à ce sujet. Pour moi qui suis aussi peu chimiste ou pharmacien qu'on peut l'être, cette question n'a, à strictement parler, aucun sens. Dans ces conditions, la proposition sous-jacente (l'assertion préalable) peut être dite, pour moi, ni V / ni F.

Si le sens d'une phrase assertive est l'ensemble des conditions qui doivent être vérifiées pour que p puisse être dit vrai, alors le sens d'une question sera donné par l'ensemble des conditions qui doivent être vérifiées pour que «$? p$» ait une réponse vraie. Je ne suis pas en état d'énumérer les conditions dans lesquelles la ménadione dériverait de la naphtoquinone : aussi la question correspondante n'est-elle pas sensée pour moi. En revanche, la question *Quel jour de la semaine tombe Noël cette année?* reçoit la réponse *Un dimanche* si et seulement si il est vrai que le 25 décembre est un dimanche.

b) L'insuffisance du «ni V / ni F» comme valeur de toute question tient aussi au fait que se trouverait effacée la différence entre question positive et question négative. Or — universellement, semble-t-il — cette différence est considérable. Que l'on se rappelle les vers fameux d'Hermione, commentés par Fontanier[7]:

Ha! fallait-il en croire une amante insensée?
Ne devais-tu pas lire au fond de ma pensée?

L'interrogation positive oriente vers une réponse négative; l'interrogation négative vers une réponse positive. C'est ce que A. Borillo appelle l'«inversion de polarité». Le même mécanisme opère dans l'interrogation partielle:

Qui le connaît mieux que toi?   «Personne ne le connaît mieux que toi»;
Qui ne souscrirait à cela?   «Tout le monde y souscrit».

3. Une hypothèse inspirée de la sémantique des mondes possibles permet d'intégrer commodément les types de faits que l'on vient d'évoquer.

La question directe totale s'interprétera ainsi:

a) Le locuteur ignore si p si et seulement si, à ses yeux, p est faux dans au moins un monde possible.

b) Le locuteur tend vers un état (U'_{je}) de son univers où p aurait, dans le monde m_o de ce qui est, ou la valeur «vrai» ou la valeur «faux». Cela peut se représenter ainsi:

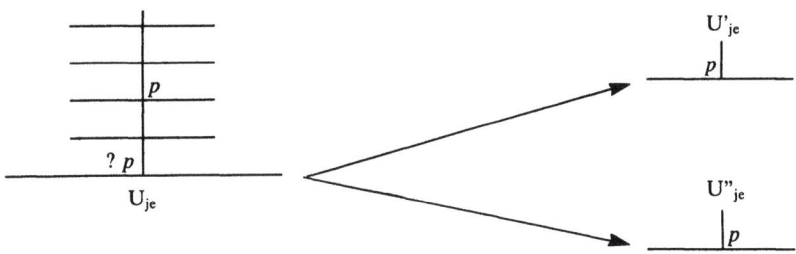

Une telle hypothèse permet d'opposer les questions qui n'ont pas pour moi de sens (ni V / ni F; situées en dehors de U_{je}) et celles qui ont du sens (supposant la fausseté dans au moins un monde possible). Elle permet aussi de prendre en compte l'orientation rhétorique des questions: la condition «faux dans au moins un monde» est remplie si p est faux dans tous les mondes. La question positive se trouve ainsi cinétiquement orientée vers le négatif. L'inverse est vrai de la question négative : p est alors vrai dans au moins un monde possible, condition satisfaite si p est vrai dans tous les mondes relatifs à l'intervalle de temps considéré — ce qui revient à dire que, relativement à cet intervalle, p est vrai dans m_o[8].

La négation dans au moins un monde possible explique, plus généralement, l'affinité de l'interrogation avec la négativité. La question est argumentativement orientée dans le même sens que la négation[9] :

C'est un peu idiot d'abandonner ton poste.
Est-ce que tu trouveras mieux à Lyon ?

(Même orientation argumentative que : « Tu ne trouveras pas mieux à Lyon »). La syntaxe de l'anglais illustre avec une particulière netteté la parenté des deux catégories. Ainsi le rôle de *do* ou le passage de *some* à *any* :

He wants some *coffee.*
Does he want any *coffee ?*
He does not *want* any *coffee.*

En vietnamien *không* signifie à la fois « ne... pas » et « est-ce que »[10].

De tels phénomènes s'observent dans beaucoup de langues. La phrase interrogative, en résumé, présuppose la vérité de p dans quelque monde possible, et c'est à cette assertion sous-jacente que renvoie l'anaphore. Mais elle pose la fausseté dans au moins un monde possible, et c'est ce qui explique son cinétisme rhétoriquement orienté vers la négation. L'hypothèse que la proposition interrogative est fausse dans au moins un monde possible la fait en tous cas échapper à l'indécidable, défini comme la non-appartenance à l'univers de croyance.

B. *Indétermination des énoncés ambivalents : ambiguïté et vague*

On ne confondra pas non plus l'indécidable avec l'indétermination des énoncés ambivalents : celle de l'énoncé ambigu ou celle de l'énoncé flou. L'énoncé ambigu est celui dont l'indétermination vient d'une *pluralité de lectures* dont les valeurs de vérité sont indépendantes ou incompatibles (*C'était un vol risqué* : d'aviateur ou de filou ?).

L'énoncé vague est celui dont l'indétermination est due à une *extension imprécise*, certains objets (« borderline cases ») pouvant tomber ou ne pas tomber dans l'extension en cause, de telle sorte que la valeur de vérité se situe dans un continuum qui va du vrai au faux. Appliquons un adjectif syncatégorématique à une classe homogène, par exemple l'adjectif *grand* à la classe des Français adultes. Qu'est-ce pour un

Français adulte qu'être grand? Supposons que la taille moyenne soit de 1 m 72. Pierre sera-t-il grand s'il a 1 m 73, 1 m 74, 1 m 75? A partir de quelle taille pourra-t-il être dit «très grand»? En réalité, il existe une zone intermédiaire, mal délimitée, où les individus peuvent difficilement être déclarés ni grands ni petits.

Le vague tient au continuum du réel *objectif*, découpé par des unités discrètes sans mesure précise. Si Pierre est incontestablement grand, il pourrait être dit «grand» même s'il avait un millimètre de moins. Mais s'il en est ainsi, de millimètre en millimètre, il serait grand s'il avait moins de 1 m 50. Raisonnement bien connu[11], mais percutant. Il s'y ajoute le caractère *subjectif* du jugement: l'appréciation de la taille d'autrui dépend beaucoup de la taille qu'on a soi-même... Naturellement un langage parfaitement précis serait inutilisable: si, pour faire usage de l'adjectif *grand*, il fallait recourir aux mensurations, on renoncerait tout simplement à l'employer.

Quoique vague, un adjectif comme *grand* n'en véhicule pas moins du sens. Il s'oppose linguistiquement à *petit*, et des relations comme *plus grand que* ou *plus petit que* sont elles absolument vraies ou absolument fausses. Par ailleurs, si *a* est grand et si *b* est plus grand que *a*, alors, nécessairement, *b* est grand. Enfin, en cas d'hésitation (par exemple si Pierre mesure 1 m 74), je puis dire ce qu'il faudrait pour que, incontestablement, la phrase devienne vraie («que Pierre ait deux ou trois centimètres de plus»).

Le vague vient donc uniquement de ceci que l'intension de *grand* ne suffit pas pour que, même à l'intérieur d'objets homogènes (comme l'ensemble des Français adultes), tous les individus tombent sans discussion possible dans l'extension de *grand* ou hors de cette extension. L'appartenance à l'extension d'un prédicat vague est affaire de degré. On peut par exemple décider que µ, le degré d'appartenance au prédicat (*être*) *jeune*, sera défini par la formule

$$\mu = \frac{MAX - x}{MAX - MIN}$$

où «MAX» est l'âge maximum où, à la rigueur, on peut être dit jeune, «MIN» l'âge en dessous duquel on est jeune sans conteste et «x» l'âge de l'être considéré. Une telle approche permet de surmonter le paradoxe de Wang, par exemple au moyen d'une formulation comme celle-ci:

«Si avoir l'âge x, c'est *être jeune* avec un degré

$$\mu = \frac{MAX - x}{MAX - MIN},$$

alors avoir l'âge x + 1, c'est *être jeune* avec un degré
$$\mu = \frac{MAX - (x + 1)}{MAX - MIN}».$$

Bref, si une proposition *p* est floue, elle sera inscrite avec une valeur v comprise entre 0 et 1, soit dans m_o (si elle est donnée pour vraie), soit dans quelque monde possible. La colonne de droite comportera la valeur complémentaire 1-v. Rien de commun par conséquent avec l'indécidable, conçu comme le rejet hors de l'univers de croyance.

N.B. Définis comme ils viennent de l'être, l'ambiguïté et le vague n'épuisent pas le champ de l'indétermination par ambivalence. Entre l'ambiguïté et le vague prend place le *non-dit* qui rassemble les cas où, pragmatiquement ou sémantiquement, l'énoncé induit un *énoncé corrélatif*, mais dont la valeur de vérité ne dépend pas directement de la valeur de l'énoncé lui-même comme dans l'implication. Le non-dit n'appelle pas une lecture alternative, comme l'ambiguïté; et contrairement au vague, il n'est pas lié au continu.

- Le non-dit est pragmatique si l'énoncé induit, *en situation*, une ré-interprétation éloignée du sens littéral (*J'ai déménagé il y a quinze jours* peut signifier qu'il m'est impossible en ce moment d'inviter Pierre, Marie et leur nombreuse famille).

Un cas particulier est celui de l'énoncé corrélatif plus précis qui implique l'énoncé de départ (*Il a tiré au but* ⇐ il a tiré au but du pied droit).

- Le non-dit est sémantique si l'énoncé en induit un autre de manière *conventionnelle*. Il en est ainsi:

• quand l'énoncé suppose la conjonction de plusieurs «univers de croyance» dont un seul est spécifié (*Il croit que p — Et toi?; Il n'est pas là — Qui a pu penser qu'il serait là?...*);

• quand l'énoncé suppose une «lecture sélective» (*Une femme est une femme. Quelle propriété se trouve visée?*);

• quand l'énoncé est le lieu d'une «polysémie implicative», due à des formes de contenu si général que dans la plupart des cas le contexte les précise: *Il a trouvé un œuf* (de poule? de cane? de serpent? de poisson?).

C. *Aspects de l'indécidable*

Distincte de la valeur interrogative et de la valeur ambiguë ou floue, l'indécidabilité peut être due à trois sortes de causes: à l'inintelligibilité, à l'absurdité, à la disconvenance.

1. *p* peut être rejetée de U_i parce qu'il y est *inintelligible*. *Le buccin est gastéropode* est inintelligible pour qui ne sait pas ce qu'est un buccin ou ce qu'est être gastéropode.

Si *p* est inintelligible dans tout univers (* *L'onguent opine aux oripeaux*), alors on dira que *p* est sémantiquement inacceptable. Le jugement d'intelligibilité formulé par un échantillon représentatif de locuteurs compétents permettra de fixer une limite en deçà de laquelle *p* devra être considéré comme inacceptable.

2. Supposons maintenant que p présuppose q et que q soit faux dans tous les mondes possibles: p sera indécidable par *absurdité*. Soit: *La carie phlegmoneuse se traite aux antibiotiques*. Dans tel univers cette phrase sera sans plus inintelligible (qu'est-ce qu'une carie phlegmoneuse?); dans tel autre, elle sera évaluée comme absurde (et conséquemment rejetée comme indécidable), parce qu'elle présuppose qu'une carie peut être phlegmoneuse, ce qui est faux dans tous les mondes possibles. Si elle affecte comme ici tous les univers de croyance où p est inintelligible, l'absurdité s'appréciera en termes de mauvaise formation sémantique.

> *N.B.* Il faut naturellement se hâter d'ajouter que le passage à l'imaginaire, notamment par la fonction métaphorique, peut voiler le faux au bénéfice exclusif du vrai. *Pierre est un lion* présuppose certes une phrase fausse (Pierre n'est pas un quadrupède); mais elle devient acceptable par l'implication de férocité (ou de courage, ou de magnanimité...) commune à Pierre et au lion et que la lecture métaphorique laisse seule subsister. Une différence importante sépare ainsi, en dépit d'analogies de fonctionnement[12], la phrase plus ou moins vraie et la phrase métaphorique. Dans l'une (*La chauve-souris est un oiseau*), la fausseté partielle n'empêche pas qu'on reste dans le vrai: on avoisine le faux sans déserter le vrai. Dans l'autre (*La gazelle est un oiseau*, « elle court si vite qu'elle semble voler »), l'occultation du faux permet de retourner secondairement dans le vrai. L'occultation du faux peut venir aussi de la contiguïté référentielle. Dans *Une bouteille cassée*, j'appelle *bouteille* ce qui n'est plus une bouteille: c'est par contiguïté référentielle que je puis continuer à désigner ainsi des débris de verre qui n'ont plus rien d'un récipient. Une contiguïté comparable est celle du paraître par rapport à l'être, de l'illusion par rapport au réel. Une fausse barbe n'est pas une barbe, ce qui ne m'empêche pas de parler de barbe. Il s'y ajoute encore la contiguïté contrefactuelle: *Si l'eau était du bon vin, je ne boirais que de l'eau*[13]. Dans une telle phrase, je parle en fait de ce qui, dans le monde référentiel (ici le monde m_o), n'est rien d'autre que de l'eau. On reviendra sur tous ces points dans le chapitre X sur le nom propre.

3. Supposons enfin que p, dont les conditions de vérité sont bien déterminées (p est vrai dans tout le monde où r, s, t sont vrais) soit évalué par le locuteur dans le monde m_j. La phrase (lieu des conditions de vérité) devient alors énoncé (lieu du vrai et du faux). Mais si p présuppose q et que q soit faux dans m_j (ou qu'on puisse seulement mettre en doute sa vérité dans m_j), alors p sera rejeté de U_i, car il y est indécidable par disconvenance:

- *Pierre s'occupe beaucoup de ses enfants*
  (p vrai dans m_o)
- *Mais Pierre n'a pas d'enfants!* (q faux dans m_o)
- *Mais est-ce que Pierre a des enfants?* (q est mis en doute = q faux dans au moins un monde possible)

} dans l'univers U_i p est indécidable par disconvenance

Les sources de l'indécidabilité sont donc multiples: si la disconvenance est toujours liée à un univers particulier, l'inintelligibilité et l'absurdité peuvent être communes à tous les univers et s'apprécier alors en termes d'inacceptabilité.

Naturellement l'opposition n'est pas tranchée entre le décidable et l'indécidable, notamment entre l'intelligible et l'inintelligible. Ainsi *La ménadione dérive de la naphtoquinone* peut être partiellement décidable dans un univers donné, par exemple parce que le locuteur reconnaît au moins sous les mots *ménadione* et *naphtoquinone* la désignation de corps chimiques, ou parce qu'il sait, grossièrement, ce que *dériver de* signifie en chimie. Là comme ailleurs tout est affaire de degré. A l'intérieur d'un univers donné, l'indécidabilité est susceptible de prendre une valeur intermédiaire.

L'indécidabilité étant à présent mieux cernée, une définition plus précise des univers peut être formulée:

On appellera *univers de croyance* d'un locuteur donné l'application, au moment de la parole, de l'ensemble des propositions décidables dans l'ensemble des valeurs de vérité. Si l'on admet que la valeur $\pm V$ représente l'infinité des valeurs comprises entre 0 et 1, cette application sera surjective.

N.B. Un des mérites de la définition proposée est de s'accorder à celle de la présupposition. Une proposition p dont le présupposé q est déclaré faux dans un univers donné U_i n'appartient pas, par disconvenance, à cet univers. Du fait même est levée la contradiction entre la vérité des présupposés dans tous les mondes possibles et la possibilité qui existe de les invalider. Une proposition p présuppose q ssi, dans tout univers U où p est décidable, la forme
$$\Box\,(p \Rightarrow q) \wedge \Box\,(\sim p \Rightarrow q)$$
est vérifiée dans U.

Il faut ajouter cependant que cette définition n'évite pas qu'à l'intérieur de l'univers où p présuppose q, p présuppose toutes les tautologies[14]. Dans cet univers, en effet, q, vrai dans tous les cas, n'est autre qu'une tautologie. Cet effet indésirable est pallié, au moins pour partie, si on limite la vérité de q à un intervalle donné du temps, la décidabilité de p dans l'univers envisagé étant alors restreinte à cet intervalle:

Dans l'intervalle i, $\Box\,(p_{(i)} \Rightarrow q_{(i)}) \wedge \Box\,(\sim p_{(i)} \Rightarrow q_{(i)})$, soit q est vrai dans tous les mondes possibles relatifs à l'intervalle i.

NOTES

[1] *Cf.* Grunig 1982, 70.
[2] Le cinétisme de la valeur de vérité sera notamment utilisé dans l'analyse de l'opérateur *croire*.
[3] *Cf. LS*, 38.
[4] En utilisant la barre d'assertion ($\dashv$), on peut la placer dans le champ des opérateurs épistémiques :
il est plausible que p : $\Diamond \dashv p$
en face de : *il est possible que p* : $\dashv \Diamond p$
[5] *Cf.* Berrendonner 1981, 55.
[6] En d'autres termes, par rapport à l'assertion, l'interrogation est une opération seconde. Du moins en est-il ainsi en *langue*. Sur le plan du discours, on peut au contraire considérer que toute phrase assertive est réponse à une question, explicite ou non : *Vous avez dit p, mais ce n'est pas la question; ce qui est en question ici, c'est...; l'auteur connaît la question; là n'est pas la question*. Certains logiciens comme R. Collingwood ont même pensé, pour cette raison, que la logique érotétique était un préalable à celle des propositions et des prédicats. Et l'on connaît aussi, en linguistique, l'importance de l'opposition Thème/rhème, qui, dans la phrase, se détermine entièrement par rapport à la question à laquelle celle-ci est censée répondre. Mais on se situe alors dans une grammaire du discours. *Cf.* Meyer 1981.
[7] *Les Figures du discours*, 369.
[8] Andrée Borillo a dégagé les contextes favorables à la question rhétorique. V. Borillo 1981.
[9] *Cf.* Anscombre-Ducrot 1983, chap. V.
[10] *Cf.* Hagège 1982, 85.
[11] *Cf.* p. ex. Fine 1975, 285 et Dummett 1975.
[12] *Cf. LS*, 196 et suiv.
[13] Exemple de G. Kleiber 1978, 48. Voir le chapitre X sur le nom propre, en partic. p. 142 et suiv.
[14] Contrairement à ce qui est dit dans *LS*, 44-52. Je dois cette rectification à une obligeante remarque de G. Kalinowski.

Chapitre II
Univers de croyance et consistance

La définition proposée des univers de croyance suppose que ceux-ci sont consistants. De même que, pour autoriser le calcul, les mondes possibles, pris un à un, doivent être de structure monologique, c'est-à-dire que le vrai dans la colonne de gauche doit induire le faux dans celle de droite et inversement, de même les nécessités du calcul imposent la non-contradiction dans les univers de croyance. On peut néanmoins se demander si une telle exigence théorique a quelque rapport avec la réalité : il y faudrait, chez le locuteur, l'omniscience logique ; à chaque proposition, il devrait être capable d'associer l'intégralité de ses conséquences logiques, et l'ensemble obtenu devrait être non contradictoire. Mais comment serait-ce possible ? De toute évidence, il se peut que Pierre accepte p sans penser un instant à en déduire q, bien qu'il soit tout prêt, si son attention est attirée là-dessus, à reconnaître que p entraîne q. Souvent le dialogue consiste justement à faire prendre conscience de conséquences contradictoires.

Supposons que Pierre admette qu'un nombre pair est un nombre divisible par 2. Supposons encore qu'il sache qu'un nombre premier n'est divisible que par 1 et par lui-même. Peut-être en conclura-t-il que tous les nombres premiers sont impairs. Mais il suffira d'orienter son attention sur le cas du nombre 2 lui-même (premier et pair) pour le détromper.

On en vient ainsi à l'idée que non seulement nos croyances fluctuent — par l'accroissement et la rectification des connaissances —, mais encore qu'à un moment donné du temps, les univers de croyance ne sont que localement consistants; car il est invraisemblable que nous soyons à tout instant en mesure de prévoir toutes les conséquences de ce que nous tenons pour vrai. Le locuteur ne dispose pas plus de l'omniscience logique que de l'omniscience factuelle.

Cela revient à dire:

- qu'au fil du temps les univers se modifient; le temps de fluctuation des univers sera appelé le temps *de dicto*; toute la quatrième partie de l'ouvrage y sera consacrée;

- qu'aux divers instants de l'axe *de dicto* l'univers de croyance n'est que partiellement consistant; c'est l'objet du présent chapitre où l'on évoquera l'idée d'une consistance locale et où, parvenu à une définition plus précise des univers de croyance, on confrontera ceux-ci à diverses notions apparentées.

I. Consistance locale

Même à un moment déterminé du temps *de dicto*, l'univers de croyance n'est pas forcément consistant. On est donc amené, pour sauver la possibilité du calcul, à structurer les univers de telle sorte qu'à chaque instant apparaisse au moins un sous-ensemble qui ait la consistance voulue. Il paraît en effet assez naturel de distinguer, dans l'univers de croyance, diverses strates de cohérence variable.

- Au niveau le plus extensif, l'appartenance d'une proposition à un univers de croyance se détermine par le seul fait que ses conditions de vérité y sont énumérables; le critère d'appartenance est alors celui de la seule *décidabilité*; on appellera un tel univers l'*univers de croyance virtuel*;

- Au niveau le moins extensif, l'appartenance d'une proposition à un univers de croyance se détermine par le fait que le locuteur lui affecte consciemment une valeur de vérité; le critère d'appartenance est alors celui de la *vérité*; l'ensemble des propositions ainsi prises en charge par le locuteur forment son univers actuel. L'univers actuel est un sous-ensemble de l'univers virtuel.

On appellera *pensable* le complémentaire de l'univers actuel dans l'univers virtuel. Le pensable lui-même a plus d'une facette. Une brève analyse du verbe *oublier* devrait en convaincre. Ce verbe, en effet, signifie tantôt le rejet hors de la mémoire, tantôt le rejet momentané hors de la conscience. Syntaxiquement, il se prête à trois usages distincts :

- Il peut être suivi d'une complétive en *que*. *Il a oublié que c'était l'anniversaire de sa femme.*

- Il peut être suivi d'interrogative indirecte. *Il a oublié de qui c'est l'anniversaire.*

- Il peut être suivi d'infinitif introduit par *de*. *Il a oublié de souhaiter son anniversaire à sa femme.*

A ces emplois s'ajoutent les formes *oublier* + subst. Mais celles-ci correspondent à l'une ou l'autre des formes complétive, interrogative indirecte ou infinitive :

- *Il a oublié sa promesse de venir vous voir* : « qu'il a promis de venir vous voir ».

Il a oublié notre désaccord sur ce point : « que nous étions en désaccord sur ce point »[1].

- *Il a oublié le terme exact, l'heure convenue* : « quel est le terme exact, quelle est l'heure convenue ».

- *Il a oublié sa langue maternelle* : « quels en sont les mots, les règles... ».

- *Il a oublié son parapluie* : « de prendre son parapluie ».
Il a oublié le starter : « de tirer, de repousser le starter ».

Dans l'emploi complétif, à l'indicatif présent ou à l'indicatif imparfait, l'effet de sens est que la proposition complétive se trouve absente du champ de la conscience. *Jacques oublie que c'est Pierre qui l'a fait nommer* signifie, dans l'interprétation la plus naturelle, non pas que la médiation de Pierre est hors de la mémoire de Jacques, mais que celui-ci, momentanément, n'y pense pas. Si on demandait à Jacques qui l'a fait nommer, il répondrait assurément que c'est Pierre. Mais la proposition *C'est Pierre qui m'a fait nommer*, quoique non contradictoire avec ce que Jacques sait, n'est pas immédiatement disponible.

La situation est différente aux temps composés. *Il a oublié que c'est Pierre qui l'a fait nommer* signifie soit qu'il n'y pense pas, qu'il n'en est pas présentement conscient, soit qu'il a effectivement oublié, c'est-à-dire qu'il serait incapable de dire, quoiqu'il l'ait su, qui l'a fait nommer. Le passage au non-mémorisé ne pouvant se constater que par les effets et non pas sur-le-champ, on comprend que seul un temps composé puisse produire cette lecture.

Lorsque l'oubli n'est que l'absence du champ actuel de conscience, il peut être volontaire. On peut faire effort pour rejeter quelque chose de sa pensée. D'où l'emploi possible de l'impératif (*Oublie que...*), l'alliance avec des adverbes marquant la volonté (*Il oublie sciemment que...*[2]), l'emploi à la première personne de l'indicatif présent (*Alors j'oublie que...* «je veux oublier que», «ne plus y penser», «ne plus en tenir compte»[3]).

L'emploi interrogatif indirect favorise nettement l'interprétation de l'oubli comme effacement de la mémoire. *Il a oublié qui l'a reçu :* «Il ne sait plus qui l'a reçu, il en a perdu le souvenir; sa mémoire n'en porte plus la trace». L'autre interprétation n'est cependant pas exclue : *C'est si bon... d'être aimée qu'on en oublie qui vous aime* (Joe Bousquet, *Traduit du silence*, 220; «qu'on ne prête pas attention à qui vous aime [mais on est naturellement capable de se le remémorer]»). C'est notamment le cas dans l'usage exclamatif: *Il oublie quels efforts tout cela a coûtés!* ou impératif: *Oublie qui te l'a donné!*[4].

Quant à l'emploi avec l'infinitif, il signifie l'absence du champ de la conscience (et non évidemment de la mémoire) d'une proposition impliquée par du mémorisé: *Il a oublié de prendre son parapluie*. Quand le temps est à la pluie, on prend son parapluie. Il aurait dû prendre son parapluie. Cette obligation était hors de sa pensée.

On en vient donc à distinguer, à côté de l'univers actuel, c'est-à-dire de ce qui est consciemment assumé et dont on supposera qu'il est intégralement consistant deux aspects de ce que l'on appellera le *pensable* :

- ce qui est actuellement hors du champ de la conscience, hors de la pensée, notamment telle ou telle conséquence de ce qui est admis;

- ce qui a été su et qui est hors de la mémoire.

L'analyse d'un verbe comme *ignorer* montre plus encore la diversité du pensable. Certes Pierre peut ignorer que p parce qu'il attribue à p la valeur «faux» (il croit que $\sim p$) ou qu'il hésite sur la valeur à attribuer à p (il ne sait pas si p ou $\sim p$) : p appartient alors à son univers actuel. Mais il se peut aussi :

- que Pierre ne se soit à aucun moment posé la question de savoir si p, quoiqu'il soit tout à fait en état de se la poser;

- que Pierre ne se soit pas posé la question et que, quoiqu'il puisse la comprendre si on la lui pose, il ne soit pas en mesure de se la poser lui-même;

- que Pierre soit tout à fait capable de se prononcer sur *p*, mais qu'il rejette volontairement *p* hors de sa pensée: *il veut ignorer que p* (dans cette hypothèse, notons-le, *ignorer que p* n'est pas synonyme de *ne pas savoir que p*).

Dans tous ces cas, *p* appartient seulement au pensable de Pierre. Il n'est que dans la situation où *p* est pour Pierre inintelligible (et où, par la force des choses, il ignore que *p*) que *p* est du fait même hors de son pensable.

La consistance du pensable n'est en rien garantie. Cela revient à dire que les univers de croyance ne sont que localement consistants. La consistance se limite à l'univers actuel, celui-ci pouvant même se réduire au sous-ensemble des propositions directement impliquées dans le raisonnement[5]. La consistance des propositions sans lien direct avec le sujet du dialogue n'a en tout cas pas d'importance pour son efficacité.

Toutes ces considérations conduisent à reformuler la définition des univers de croyance. On appellera univers de croyance d'un locuteur donné à un moment déterminé du temps:

- l'ensemble des propositions par lui dédicables (*univers virtuel*);

- plus particulièrement l'application dans l'ensemble des valeurs de vérité de celles des propositions décidables que le locuteur admet dans le champ de la conscience (*univers actuel*). L'univers virtuel est un lieu de décidabilité; l'univers actuel un lieu de décidabilité et de consistance.

II. Quelques notions apparentées

Il nous faut à présent confronter la définition proposée avec quelques notions apparentées: celle de tables de vérité à plus de deux valeurs; celle de «mondes épistémiques»; celle d'«univers de discours».

1. On peut distinguer diverses sortes de tables, d'inégal intérêt.

a) Dans les unes, l'absurde (A) est assimilé au faux, en ce sens que la valeur «A» pour *p* entraîne «1» pour ~ *p*:

p	~*p*		∧	1	0	A		∨	1	0	A		⇒	1	0	A
1	0		1	1	0	0		1	1	1	1		1	1	0	0
0	1		0	0	0	0		0	1	0	0		0	1	1	1
A	1		A	0	0	0		A	1	0	0		A	1	1	1

Les inconvénients en sont bien connus:

- Supposons qu'Amédée n'existe pas. *Amédée est présent* ou bien *Amédée est absent* seront l'une et l'autre des propositions absurdes. Mais *Amédée n'est pas présent* ou *Amédée n'est pas absent* seront des propositions vraies, puisqu'elles nient des propositions absurdes. Or ces propositions sont contradictoires.

- Soit q: *Il fume* et p: *Il continue de fumer*. La vérité de p en t_o présuppose celle de q en t_{o-k}. Supposons que q y soit faux. Il n'en demeure pas moins qu'en t_o, q est ou bien vrai ou bien faux. Assimiler l'absurdité à la fausseté revient à négliger ce fait qu'une proposition que la fausseté de ses présupposés rend absurde peut être ou bien vraie ou bien fausse par son posé.

b) Les tables de l'indétermination[6] n'ont pas la même allure:

p	$\sim p$
1	0
0	1
i	i

$\wedge$	1	0	i
1	1	0	i
0	0	0	0
i	i	0	i

$\vee$	1	0	i
1	1	1	1
0	1	0	i
i	1	i	i

$\Rightarrow$	1	0	i
1	1	0	i
0	1	1	1
i	1	i	i

Elles valent pour le possible, pour l'indétermination interrogative et pour le flou (où l'on peut cependant les compléter: la valeur de la négation, par exemple, n'est pas i dans la colonne de droite, mais 1-i[7]). Les calculs de ce type peuvent s'appliquer à l'intérieur d'un univers de croyance donné (ou à l'intérieur de ce que, par la suite[8], on appellera le «méta-univers»). Mais ils ne conviennent pas pour l'indécidabilité, c'est-à-dire la non-appartenance à l'univers de croyance ($\notin$). En toute rigueur, dès lors qu'une partie de la proposition est hors de l'univers, elle ne peut s'y trouver dans son entier, et les tables devraient être les suivantes:

p	$\sim p$
1	0
0	1
$\notin$	$\notin$

$\wedge$	1	0	$\notin$
1	1	0	$\notin$
0	0	0	$\notin$
$\notin$	$\notin$	$\notin$	$\notin$

$\vee$	1	0	$\notin$
1	1	1	$\notin$
0	1	0	$\notin$
$\notin$	$\notin$	$\notin$	$\notin$

$\Rightarrow$	1	0	$\notin$
1	1	0	$\notin$
0	1	1	$\notin$
$\notin$	$\notin$	$\notin$	$\notin$

2. La notion de *monde épistémique* est rendue inutile par celle d'univers de croyance.

Appelons W_a le monde du savoir de a dans W_o et associons W_a à W_o : si a sait que p, on écrira :

C'est là une représentation qui a le mérite de la simplicité. La difficulté cependant est de dire ce que signifie la colonne de droite du monde W_a. Si c'est l'«insu» de a, le monde W_a ne sera pas «monologique», car de p dans la colonne de droite, je ne peux aucunement déduire $\sim p$ dans celle de gauche (si a ne sait pas que p, il ne sait pas nécessairement que $\sim p$; il peut être indécis quant à la valeur de p).

Une autre solution consiste à situer dans la colonne de droite le savoir négatif de a (a S $\sim p$). Mais dans ce cas, le monde W_a n'est pas en mesure de représenter l'insu, confondu avec l'indécidable, caractérisé par la non-inscription dans W_a :

Seule la pluralité des mondes permet de résoudre la difficulté : dans chacun des mondes, la colonne de gauche représentera le vrai, celle de droite le faux, ce qui revient à dire que ces mondes seront tous «monologiques». L'insu se représente par le faux dans au moins un monde possible.

Mais si ces mondes sont des mondes aléthiques, alors la forme «a $\sim$ S p» n'est pas différente de «$\Diamond \sim p$» et «a C p» ne se distingue pas de «il est probable que p». C'est ennuyeux, car une chose peut être objectivement probable sans que a la croie — et inversement.

On est ainsi conduit à concevoir une pluralité de mondes épistémiques. C'est par exemple la solution de J. Hintikka. Parfaite pour le calcul logique, on y distingue clairement :

- a *sait que p* [a S p] par l'inscription de p dans la colonne de gauche de tous les mondes épistémiques ;
- a *sait que* $\sim p$ [a S $\sim p$] par l'inscription de p dans la colonne de droite de tous les mondes épistémiques ;
- a *ne sait pas que p* [a $\sim$ S p] par l'inscription de p dans la colonne de droite d'au moins un monde épistémique ;

- a *ne sait pas que* $\sim p$ [a $\sim$ S $\sim p$] par l'inscription de p dans la colonne de gauche d'au moins un monde épistémique.

Cette solution a cependant plusieurs inconvénients pour le linguiste :

- il ne semble pas que la pluralité des mondes épistémiques corresponde à aucune intuition linguistique; la traduction de *Pierre sait que p* par «*p* est vrai dans tous les mondes épistémiquement accessibles par Pierre» apparaît comme une commodité de calcul, mais beaucoup moins comme une exigence de la description sémantique;

- plus grave : la notion de W_0 n'a pas en linguistique de véritable pertinence; le vrai ou le faux, en dehors des phrases analytiques, est toujours relatif à un univers de croyance; la vérité de toute phrase déclarative étant une vérité subjectivement assumée par un locuteur, une vérité prise en charge, le vrai «objectif» n'a pas de réalité linguistique.

C'est ce dernier argument qui peut conduire à subordonner les mondes possibles (de contenu ontique) aux univers de croyance, composante épistémique du langage. On y ajoutera ce fait que les mondes épistémiques ne semblent pas fournir de représentation pour *savoir si*. La forme proposée par J. Hintikka :

il sait si p ⇔ *il sait que p ou il sait que* $\sim p$

se heurte à cette objection que les deux membres disjonctifs de droite ont des présuppositions contradictoires (*je sais que p / je sais que* $\sim p$).

3. Les «univers de discours»[9] se définissent par la satisfaction de présupposés thématiques. Ils limitent la vérité de ce qui est dit :

- soit à des sous-ensembles de mondes définis spatialement (*En France, p*), temporellement (*En 1929, p*) ou par diverses conditions restrictives (*Dans le même ordre d'idées, p; si q, p...*);

- soit à des images d'univers (*Pour Pierre, p; Aux yeux de Pierre, p; A mon avis, p...*).

Les univers de discours permettent notamment d'intéressantes généralisations de mécanismes référentiels. La référence en effet s'opère tantôt dans le sous-ensemble de mondes (ou bien dans l'image) que l'univers de discours délimite (*a*), tantôt ailleurs, dans m_0 (*b*) ou dans quelque univers de discours précédemment évoqué (*c*) :

(*a*) *En 1929, une jeune femme blonde se fit connaître par...* (la référence de *une jeune femme blonde* a lieu dans des mondes limités temporellement par *en 1929*, l'article *un* introduisant un objet dont il n'a pas encore été question);

(b) *En 1929, cette vieille dame grisonnante était jeune et blonde. Pour Pierre, cette vieille dame grisonnante est jeune et blonde* (la référence de *cette vieille dame grisonnante*, moyennant le démonstratif, a lieu dans m_o);

(c) *Aujourd'hui, la jeune femme blonde est une vieille dame grisonnante* (la référence de *la jeune femme blonde* s'opère dans l'univers de discours de phrases précédentes, auquel *la* renvoie, et non dans l'univers délimité par *aujourd'hui*); *En réalité, cette «jeune femme blonde» est une vieille dame grisonnante* (la référence de *cette «jeune femme blonde»* a lieu, comme le manifestent les guillemets, dans quelque image d'univers, distincte de la «réalité»).

Ce n'est là qu'un exemple pour montrer l'intérêt des univers de discours. Etroitement liés à la «parole», ils ne se confondent pas avec les univers de croyance. L'univers de croyance recouvre, pour un locuteur donné, l'ensemble des mondes possibles que ce locuteur est susceptible d'évoquer; les univers de discours en isolent divers sous-ensembles qui déterminent, au gré du discours, le champ de validité de ce qui est dit.

NOTES

[1] Le type *N'oubliez pas le guide* fait difficulté. On pourrait le gloser (maladroitement) par «N'oubliez pas l'existence du guide; que le guide existe».
[2] *Tu oublies sciemment l'avenir* (Amiel, *Journal intime*, 296). Les exemples cités du verbe oublier sont pris aux fonds textuels de l'INaLF.
[3] *Ah! Ne me regardez pas comme cela, ou j'oublie que nous sommes dans le monde et je me mets à genoux, ici, devant vos yeux incomparables* (Miomandre, *Ecrit sur l'eau*, 26). *J'oublie que* cependant n'implique pas forcément la volonté, c'est-à-dire le rejet conscient hors de la pensée. Cette forme s'utilise aussi pour marquer ce qui a été dans un passé si récent qu'il paraît se confondre avec le présent (type: *Je sors de chez lui*): *J'oublie que c'est de mon logis que je voulais parler* (Toepfer, *Nouv. genevoises*, 66). Naturellement, l'idée itérative peut elle aussi conduire à surmonter l'incompatibilité entre l'oubli (inconscient) et le constat que j'en fais: *Chaque fois que j'oublie que...*
[4] *Il ne faut pas (...) oublier quels périls nos aînés eurent d'abord à surmonter* (Massis, *Jugement*, I, 191).
[5] C'est l'hypothèse — sans illusion — de F. Nef (1984, 133): «Pour prendre un exemple presque absurde, je peux raisonner sur ce que ferait Marie si Pierre partait en vacances avec elle, sans, dans le monde où ils partent en vacances, avoir à décider si la Tchécoslovaquie a été envahie par l'U.R.S.S.».
[6] Les tables proposées sont celles de Kleene, *cf.* Karttunen-Peters, *in* Nef 1984, 215.
[7] *Cf.* Kleiber-Riegel 1978, 75-78.
[8] P. 165.
[9] *Cf.* LS 37, *Rem.* 2. Notion proche, semble-t-il, de celle d'*espace mental* développée par Fauconnier 1984.

DEUXIEME PARTIE

Les opérateurs épistémiques
savoir et *croire*

Chapitre III
L'opérateur *savoir**

Un opérateur logique, pour mériter ce nom, doit avoir des propriétés rigoureusement définies et la validité des expressions dans lesquelles il entre se déterminer par la seule application des règles que le langage comporte. Cependant, même en logique, il y a tout à gagner à obtenir la meilleure adéquation possible à une réalité «naturelle»: on ne conçoit pas une logique épistémique où l'opérateur SAVOIR (abrév.: S) ou l'opérateur CROIRE (abrév.: C) n'auraient aucun rapport à l'intuition. Dès lors, comme lieu de l'intuition commune, le langage naturel fournit à l'analyse logique un champ privilégié, et cette approche du langage bénéficie en retour d'une juste formulation de propriétés logico-sémantiques.

Le verbe *savoir* marque, par excellence, l'idée que la proposition qui figure dans son champ appartient à l'univers de croyance du sujet. Cela est vrai de *savoir que* et de *savoir si*. Pourtant d'importantes différences séparent ces deux formes. Nous allons essayer de les préciser. Il s'agira tout particulièrement d'expliquer pourquoi

(a) * *Je ne sais pas que p*
et
(b) * *Je sais si p*

* Ce chapitre reprend en partie (notamment sous I B et II A) notre article de *H.E.L.* 1983.

ne sont acceptables que dans des conditions très limitatives et ne deviennent admissibles que par le truchement d'un dire — plus généralement, par la superposition à l'univers du savoir de quelque autre univers de croyance :

Je ne sais pas que Marie est revenue
= « je dirai que... »
ou « tu diras que... »
ou bien « je ne veux pas le savoir » ;

Je sais si Marie est revenue
= « mais je ne le dirai pas »[1]
ou bien « quoique tu dises ou penses le contraire »...

Remarquons d'entrée la dissymétrie d'acceptabilité selon la construction du verbe *savoir* : avec *que* est douteuse la forme négative de la première personne ; avec *si* la forme positive. Pour éclairer ces données, on examinera plus avant, en prenant en compte la variation en personne, les propriétés de *savoir que* (I) et de *savoir si* (II).

I. Les propriétés de *savoir que*

Savoir que p est factif : il présuppose la vérité de *p*. *Savoir si p* ne l'est pas : dire qu'il ne sait pas si *p* n'impose d'aucune façon l'idée que *p* est vrai. Une caractéristique importante du langage ordinaire tient aussi aux différences de comportement selon que *savoir que* est utilisé ou non à la première personne de l'indicatif présent, c'est-à-dire selon qu'il est en usage direct (*Je sais que p*) ou en usage oblique (*Il sait que p ; Je savais que p...*). L'examen de ces propriétés devrait éclairer le comportement singulier de *Je ne sais pas que p* au regard de l'acceptabilité.

A. *Factivité*

En disant que Pierre sait que *p*, je laisse entendre que moi aussi je sais que *p*. Cette implication vaut de même pour *Pierre ne sait pas que p*, de telle sorte que :

$$il\,S\,p \Rightarrow je\,S\,p$$
et
$$il \sim S\,p \Rightarrow je\,S\,p,$$

ce qui revient à dire que *il S p* présuppose *je S p* :

(1) $il\,S\,p \rightarrow je\,S\,p$.

De même *Je savais que p* (ou *Je ne savais pas que p*) présuppose *Je sais que p*.

N.B. Un cas particulier est celui où *savoir que p* se trouve dans le champ d'un opérateur hypothétique. *Si j'avais su que p* implique, en raison de sa valeur d'irréel, que je ne savais pas que *p*, ce qui présuppose que je sais à présent que *p*. *Si je savais que p*, forme d'irréel du présent, implique que je ne sais pas si *p* ou ~ *p*, ce qui suspend du même coup les présuppositions de *savoir que p*: *Si je savais qu'il cherche à m'évincer, je ne le soutiendrais certainement plus*. Mais le verbe *savoir* glisse alors vers le sens de «avoir la certitude de» ou vers celui d'«apprendre que».

La formule (1) est liée à la hiérarchie des univers de croyance: l'hétéro-univers est subordonné à l'univers du *je*. Cette hiérarchie justifie la non-contradiction de *Personne ne sait que p*, qui présuppose *Je sais que p*. Les univers $U_{il}a$, $U_{il}b$, $U_{il}n$ sont vus à travers l'univers du *je*, qui peut déclarer l'insu de *p* dans tous ces univers, sans affecter la vérité de *p* dans le sien propre.

Le mécanisme de la subordination des diverses croyances explique aussi le phénomène de transitivité qui affecte les formes complexes. Soit E un verbe épistémique quelconque. On peut avancer l'hypothèse suivante:

(2) Dans une forme «a E_1 b E_2 ... j E_n k (~) S*p*»

la vérité de *p* se transmet à tous les univers hiérarchiquement supérieurs à celui de k (en l'occurrence de U_j à U_a) et de là à celui du locuteur. Ainsi *Il croit que je ne sais pas que p* présuppose la vérité de *p* dans l'univers de *il* et dans celui de *je*. *Paul s'imagine qu'elle sait que p* présuppose de même la vérité de *p* dans l'univers de Paul et dans le mien. Et il en est de même pour *Paul ignore que Pierre ne sait pas que p*.

Si l'on admet l'hypothèse (2), on peut en déduire un grand nombre de théorèmes[2], par exemple:

a S *p* ⇒ b ~ S ~ *p*

Supposons que cette implication soit fausse; le conséquent serait alors faux et l'antécédent vrai. Mais l'antécédent, d'après (2) implique je S *p*; quant au conséquent supposé faux (b S ~ p), il impliquerait, toujours d'après (2), je S ~ *p*, résultat contradictoire avec le précédent.

a S b S *p* ⇒ c ~ S ~ *p*
a C b S *p* ⇒ a ~ C c S ~ p;

la démonstration en serait en tout point comparable.

B. Dissymétrie des usages direct et oblique

La subordination de l'hétéro-univers à l'univers actuel du locuteur entraîne d'autres conséquences encore: la différence est grande entre l'usage direct (*Je sais que p*) et l'usage oblique (*Il sait que p*).

1. On notera tout d'abord, en face de la validité de:

(1) $il\ S\ p \to je\ S\ p$

la non-validité de:

$je\ S\ p \to il\ S\ p.$

2. On observera ensuite que l'assertion de *p* suppose, chez celui qui parle, le savoir de *p*, du moins dans le fonctionnement ordinaire du langage, fondé sur la présomption de sincérité:

(3) $p \quad je\ S\ p.$

Naturellement il n'en est pas ainsi dans le mensonge, ni dans le discours à vide de celui «qui dit n'importe quoi». Mais le langage est alors perturbé dans son fonctionnement même: le mensonge consiste à fausser «les règles du jeu». Normalement, si je dis quelque chose dont je ne suis pas sûr (que je ne *sais* pas), un autre opérateur épistémique doit prendre le relais: on dira *je crois que p, j'imagine que p...; croire que, imaginer que...* sont des opérateurs que le contexte peut d'ailleurs rendre inutiles (*Il était une fois...*). L'inférence (3) apparaît ainsi comme une sorte d'axiome de la théorie linguistique. Naturellement, il ne faudrait pas en tirer l'idée que «S» est un opérateur vide, sous-jacent à toute phrase, effacé en surface (comme l'est le verbe *dire* si l'on admet l'hypothèse performative). En fait *je sais que p* s'oppose à *je crois que p* ou *j'imagine que p* et l'énoncé explicite *je sais que p* n'a de sens que si l'interlocuteur a pu penser que *p* était, dans mon esprit, quelque croyance ou quelque divagation ou bien si mon savoir de *p* s'oppose à l'ignorance de quelque autre proposition (*je sais que p, mais j'ignore si q*) ou encore si mon savoir contraste avec le non-savoir de quelqu'un d'autre ou avec ma propre ignorance en un temps antérieur au moment de la parole. Dans tous ces cas, *Je sais que p* évoque *p* dans une image de mon propre univers. Partout l'inférence (3) s'impose.

Mais il n'en est ainsi qu'en usage direct: la vérité de *p*, assertée par moi, n'implique d'aucune façon le savoir que peuvent avoir de *p* Pierre, Paul ou Marie. Inversement, l'assertion de *p* par autrui n'en garantit pas forcément à mes yeux la vérité et n'entraîne pas toujours *je S p*. De surcroît, si en vertu de (3) j'infère de *je sais que p, je sais que je sais que p* ($je\ S\ p \Rightarrow je\ S\ je\ S\ p$), cette inférence est illicite pour *il* (*il* S *p* ⇒ *il* S *il* S *p*), car le savoir de *il* peut parfaitement être inconscient. Ainsi, Pierre, qui a la compétence du français, sait qu'aux personnes allocutives l'ordre des pronoms personnels régimes va de l'objet second à l'objet premier (*il me le donne, il te le donne*) et que c'est l'inverse à la troisième personne (*il le lui donne*); mais il ne sait pas qu'il sait, car il a intériorisé cette règle de manière spontanée et inconsciente. En revanche, moi qui l'énonce, je sais forcément que je sais.

Au demeurant, l'inférence (3) vaut aussi dans le sens inverse : si je sais que *p*, alors *p* est vrai — du moins à mes yeux :

(3') *je* S *p* ⇒ *p*.

Une des conséquences est qu'il est impossible de renchérir au moyen de *même*, ni dans un sens ni dans l'autre :

* *Pierre est rentré et même je sais qu'il est rentré*
* *Je sais que Pierre est rentré et même il est rentré.*

Bref, *je* S *p* équivaut à *p* : mais ce qui vaut à l'usage direct ne saurait être transposé inconsidérément ailleurs.

C. *Comportement de* **Je ne sais pas que p** *et rôle du verbe* **dire**

L'écart entre usage direct et usage oblique se creuse encore à la forme négative. *Il ne sait pas que p* ou *Je ne savais pas que p* présupposent *p*. Mais *Je ne sais pas que p* fait difficulté : cette forme présuppose contradictoirement que je sais que *p*. Seul un dire exprimé ou sous-jacent permet de sortir de la contradiction.

En évoquant le dire d'autrui, en effet, je me ménage la possibilité

(a) de contester les présuppositions que ce dire véhicule, du moins les « présuppositions globales »[3] :

Elle dit qu'il a cessé de fumer, mais il n'a jamais fumé !

D'où *Elle dit qu'il ne sait pas que p, mais ~ p !*

(b) de contester le dire lui-même, de ne pas le prendre à mon compte.

Du fait même, on accepte parfaitement :

$$\left\{ \begin{array}{l} \textit{Il a dit} \\ \textit{Tu diras} \\ \textit{Je dirai} \\ \ldots \end{array} \right\} \quad \textit{que} \quad \textit{je ne sais pas que p,}$$

car la subordonnée peut fort bien n'être pas admise par moi.

Pour être acceptable, la forme *Je ne sais pas que p* impose donc quelque dire sous-jacent: l'univers actuel du *je* se trouve alors dominé par un autre (le mien à une date future, le tien, le sien), et la forme *Je ne sais pas que p*, fausse pour moi, ne véhicule plus de présuppositions contradictoires.

II. Les propriétés de *savoir si*

A. *Présupposition de* savoir si

D'entrée nous avons observé que le verbe *dire* jouait aussi un rôle décisif dans la recevabilité de la forme *Je sais si p*. Celle-ci entraîne tout naturellement «mais je ne le dirai pas». La constatation la plus importante est qu'il n'est nullement exclu de dire *Il ne sait pas si p* tout en sachant soi-même que *p*. Certes, dans l'immense majorité des cas, cette forme donne à entendre que moi non plus je ne sais pas si *p*. Mais ce n'est pas une contrainte. Dans des phrases comme celles-ci:

Il ne sait pas si Londres est la capitale de l'Angleterre!
Il ne sait même pas si Londres est la capitale de l'Angleterre!

on peut comprendre que moi, qui sans doute sais, je ne dirai pas si Londres est ou n'est pas la capitale de l'Angleterre. Qu'on imagine par exemple que l'animateur d'un jeu radiophonique dise, au moment où le candidat hésite: *Hélas, Monsieur ne sait pas si Managua est la capitale du Nicaragua*. Il se refusera par là à donner dans l'immédiat la réponse. Sans doute la connaît-il. Peu importe: de toute façon il ne veut pas la révéler.

On en vient ainsi à imaginer que la présupposition de *savoir si p* est soit l'ignorance de *p* dans l'univers du *je*, soit le refus de dire si *p* est vrai ou non. En notant *dire si* par «D^{si}» et *savoir si* par «S^{si}», on écrira:

(4) $(il\ (\sim)\ S^{si}\ p) \rightarrow (je \sim S^{si}\ p)\ \vee\ (je \sim D^{si}\ p)$.

Si l'interprétation proposée est exacte, on retrouve dans la présupposition de *savoir si* une forme qui comporte elle-même un *si*: *dire si*. Cela pose inévitablement le problème du contenu de la conjonction interrogative indirecte *si*.

B. Dire que / dire si. *Le savoir et le non-dit*

Quelle différence, en effet, sépare *Je ne dis pas que p* et *Je ne dis pas si p*? La tentation est forte de considérer que la première de ces formes suppose que je ne sais pas si *p*, la seconde que je sais que *p*. Mais on se trouverait ainsi pris dans un curieux chassé-croisé entre *dire* et *savoir*, chacun de ces verbes, sous la négation, renvoyant à l'autre.

Examinons ces formes de plus près. L'acceptabilité douteuse de **Je ne sais pas que p* ne se retrouve nullement dans *Je ne dis pas que p*. Et pourtant en disant que je ne dis pas que *p*, je dis bel et bien que *p*! Mais il y a dire et dire: grande est la distance entre *énoncer p* et *énoncer p en assumant sa vérité*. Je peux dire *p*, mais sans y croire, pour me rendre intéressant, pour faire plaisir ou encore parce que, pour une raison ou une autre, je ne peux pas faire autrement. Du fait même *je dis que p* se prête à toutes sortes de procédures de correction: *Je dis que c'est comme ça, mais en fait/en vérité/à la réflexion... je n'en sais rien*[4]. Pour comprendre le verbe performatif *dire*, il faut dissocier le renvoi à la simple *production langagière*, toujours présent, et la valeur de prise en charge qui habituellement s'y ajoute. Dans *Je ne dis pas que p*, je produis *p*, mais je ne l'assume pas. Plus précisément, je refuse explicitement de prendre en charge la vérité de *p*.

C'est le propre de *que* de signifier toujours *une position explicite* — soit de prise en compte, soit au contraire de rejet au moins momentané. Et c'est en cela que la conjonction *que* s'oppose au *si* d'interrogation indirecte. *Je ne dis pas si p* donne à entendre que je n'explicite pas la valeur de *p*. Cette position peut venir de l'incapacité où je suis de l'expliciter. Il en est ainsi dans *Je ne sais pas si p*. Mais elle peut tenir aussi à ma volonté de ne pas l'expliciter: c'est le cas dans *Je ne dis pas si p*. La non-explicitation de la valeur de *p* revient à envisager au plus, dans les univers considérés, la fausseté de *p* dans un monde possible.

Naturellement l'opposition *si/que* peut se compliquer de phénomènes divers, notamment modaux. Citons à titre d'exemple les deux phrases suivantes:

Je ne me souviens pas s'il l'a rapporté (ce livre)
Je ne me souviens pas qu'il l'ait rapporté.

La première phrase évoque un univers compatible aussi bien avec la vérité de *p* qu'avec sa fausseté. Plus complexe, la seconde phrase inscrit *p* dans quelque monde possible. Ce monde relève d'un état distinct de l'état actuel de mes croyances: *Je ne me souviens pas qu'il l'ait rapporté* se dit notamment en réponse à quelqu'un qui prétend que le livre a été rapporté. Nul doute que le subjonctif joue là un rôle important. Mais peu nous importe en l'occurrence. Nous voyons que, même dans ce cas, *que p* attribue à *p* une valeur déterminée (celle du possible minimal proche du faux), là où *si p* fait hésiter entre le vrai et le faux.

On multiplierait aisément les exemples. Considérons encore *Je veux ignorer* (ou *Je dois ignorer*) *que p*. Ces formes ne vont pas sans dissimulation et elles s'affichent comme telles. *Je veux* ou *je dois ignorer que p* : cela laisse entendre qu'en fait je n'ignore pas que *p*. Ainsi se trouve justifié entièrement l'usage de *que*. *Je veux* ou *je dois ignorer si p* signifierait que j'ignore effectivement la valeur qui s'attache à *p*.

On en vient donc à l'idée que l'interrogation indirecte se caractérise par deux conditions à la fois nécessaires et suffisantes :

(a) l'évocation d'un univers de croyance (produite par n'importe quel verbe de demande, de verbe d'énonciation ou de verbe épistémique);

(b) la non-explicitation de la valeur de *p*, c'est-à-dire, quel que soit l'univers que l'on envisage, la fausseté de *p* dans au moins un monde possible. Dans une forme comme *Je sais qui habite ici*, la subordonnée *qui habite ici* n'a pas de valeur de vérité. Impossible au seul vu de cette phrase de substituer à *qui* aucune constante individuelle qui lui en attribuerait une. Un commentaire comparable vaut certes pour *Je hais qui ment*. Mais le verbe *haïr* ne décrit pas un univers de croyance. La condition (a) n'étant pas satisfaite, on ne se situe pas non plus dans la tournure interrogative.

Il est loisible de distinguer, dans l'interrogation indirecte, diverses sous-classes, p. ex. selon le critère du renvoi (*Il me demandera si p*) ou du non-renvoi (*Il me dira si p*) à un acte interrogatif. Mais l'essentiel est dans les conditions (a) et (b), à la fois nécessaires et suffisantes.

Le comportement de *savoir si* se comprend donc par les seules caractéristiques de l'interrogation indirecte. *Il sait si p* ne spécifie pas la valeur de *p* : il se peut donc que moi-même j'ignore si *p* ou $\sim p$; en tout cas, même si la valeur de *p* m'est connue, je ne la dis pas.

C. Retour à la forme Je sais si p

La formule (4) permet assurément d'expliquer l'effet de sens fourni par *Je sais si p* : «je sais si p, mais je ne le dirai pas». Le premier membre de (4) serait contradictoire avec *Je sais si p* :

$$(je\ S^{si}\ p) \rightarrow (je \sim S^{si}\ p) \lor (je \sim D^{si}\ p).$$

La seule issue possible est donc de présupposer $je \sim D^{si} p$. Observons encore pour finir que dans le système de représentation proposé on voit clairement la différence entre :

(a) *Je ne sais pas si p*

et

(b) *Je ne sais pas si $\sim p$*,

extensionnellement équivalents.

Dans (a), l'image épistémique de mon univers comporte la fausseté de *p* dans au moins un monde possible; *p* peut donc être faux dans tous les mondes possibles.

Dans (b), c'est la fausseté de $\sim p$, c'est-à-dire la vérité de *p* qu'on envisage dans au moins un monde possible; *p* peut donc être vrai dans tous les mondes possibles, ce qui oriente du côté de l'interprétation positive :

Je ne sais pas s'il n'est pas parti : «il est sans doute parti».

En résumé, *savoir que p* présuppose la vérité de *p* dans l'univers du locuteur : dans l'usage direct négatif (*Je ne sais pas que p*), il en résulte une contradiction que seul résout quelque dire sous-jacent. *Savoir si p* présuppose que le locuteur ne sait pas non plus si *p* ou qu'il ne dit pas si *p* : sous peine de contradiction, l'usage direct positif (*Je sais si p*) suppose le non-dit.

NOTES

[1] Cf. Sandfeld, *Syntaxe* II, § 34 : «*Je sais s'il viendra* ne se dira que dans des conditions spéciales, par exemple : Eh bien, oui, je sais s'il viendra mais je n'en dirai rien». Ce type (b) se reconnaît aussi sous le pronom *le* neutre dans les réponses du genre : *Tu sais s'il est venu ? — Oui, je le sais.*
[2] Ils sont empruntés à Gardies 1979, 115 et 117 (sous une forme un peu différente).
[3] *LS*, pp. 209-212. Voir aussi notre article de *H.E.L.* 1983.
[4] On voit toute la distance entre *p* (* *C'est comme ça, mais en fait je n'en sais rien*) et *je dis que p* : l'hypothèse performative, qui explique *p* par l'effacement de *je dis que p* se heurte à trop d'objections pour pouvoir être maintenue. En fait *je dis que* rend explicite un opérateur sous-jacent d'énonciation qu'il enrichit.

Chapitre IV
L'opérateur *croire*

Comme pour l'opérateur «intensionnel» *savoir*[1], une caractéristique fondamentale de l'opérateur *croire*, généralement négligée des logiciens, est que son comportement diffère sensiblement selon qu'il est employé à la première personne de l'indicatif présent ou bien qu'il est employé à une autre personne ou un autre temps. Quelques exemples le feront aisément admettre :

— *Pierre est revenu, et elle ne le croit pas*

Pierre est revenu, et je ne le croyais pas sont des phrases parfaitement possibles.

* *Pierre est revenu, et je ne le crois pas* paraît au contraire exclu, en dehors du discours rapporté (*Pour elle, ... D'après elle...*).

— *Il croit à tort qu'elle est de nationalité portugaise* est une phrase sémantiquement bien formée ; * *Je crois à tort qu'elle est de nationalité portugaise* n'est à nouveau acceptable que par le biais du discours indirect.

— *Il se croit capable de trouver la solution* donne à penser qu'il n'en est pas capable ; *Je me crois tout à fait capable de trouver la solution* laisse entendre que j'en suis capable.

Ces distorsions se conçoivent. En dehors de la première personne de l'indicatif présent, *croire* crée un contexte oblique. Supposons que Pierre soit l'instituteur. Je puis dire (usage direct) : *Je crois que Marie épousera Pierre* ou bien *Je crois que Marie épousera l'instituteur*. A l'intérieur de mon propre univers de croyance, si *Pierre* et *l'instituteur* désignent des identiques, leur substitution s'opère *salva veritate*, même dans le champ du verbe *croire*.

Il n'en est pas ainsi dans l'usage oblique, c'est-à-dire à une personne ou un temps autre. La vérité de *Il croit que Marie épousera Pierre* ne garantit en rien, dans l'univers évoqué, celle de *Il croit que Marie épousera l'instituteur*, car il peut fort bien ignorer ce que je sais, à savoir que Pierre est l'instituteur. Dans l'usage oblique, deux univers de croyance se superposent, et le savoir contenu dans l'un ne coïncide pas nécessairement avec le savoir de l'autre.

Le type *Il croit que p* conduit ainsi, inéluctablement, à envisager aussi ce que moi-même je crois. Certes ce que je crois est seulement suggéré: c'est de l'ordre du «non-dit»[2]. Mais ce non-dit, inévitablement perceptible, crée une tension entre deux univers de croyance. Alors que l'objectivité du savoir autorise la coïncidence de deux univers (*Il sait que p* présuppose *Je sais que p*), le croire, par sa subjectivité, impose une certaine distance. On observera d'entrée que, dans les cas où la disjonction des deux univers est exclue, seule la première personne est utilisable. Il en est ainsi quand la croyance porte sur une action que seul le sujet est en mesure d'effectuer et qui équivaut du fait même à une intention hésitante, tout entière dans le sujet. On dira:

Je crois que je vais aller me coucher

mais non, dans le même sens: * *Il croit qu'il va aller se coucher*.

On partira donc de l'idée que, dans son usage oblique, le verbe *croire*, comme tout verbe épistémique, implique deux univers de croyance, celui, *évoqué*, de la personne dont le locuteur décrit la croyance et celui, *sous-jacent*, du locuteur lui-même. L'hypothèse sera que dans le premier la valeur de *p* tend vers le vrai et que dans l'autre elle tend vers le faux. Dans l'usage direct, c'est le propre univers du locuteur qui se trouve évoqué, et la valeur de vérité de *p* y tendra vers le vrai.

I. L'univers évoqué

A. Orientation vers le vrai

1. Quelques arguments

En disant ceci: *Pierre croit que Marie consentira à l'épouser*, on décrit un certain univers de croyance, celui de Pierre, et l'on présente la phrase *p (Marie consentira à l'épouser)* comme vraie dans *au moins* un monde possible de l'image d'univers ainsi évoquée. Cette condition est satisfaite si *p* y est vrai dans *la plupart* des mondes possibles liés à un certain intervalle temporel et aussi s'il en est ainsi dans *tous* les mondes correspondant à cet intervalle, auquel cas *p* est vrai dans le monde m_o de ce qui est. En termes guillaumiens, on dirait que le cinétisme de *croire que p* est orienté, dans l'univers évoqué, vers la vérité de *p*. Cela peut se représenter ainsi :

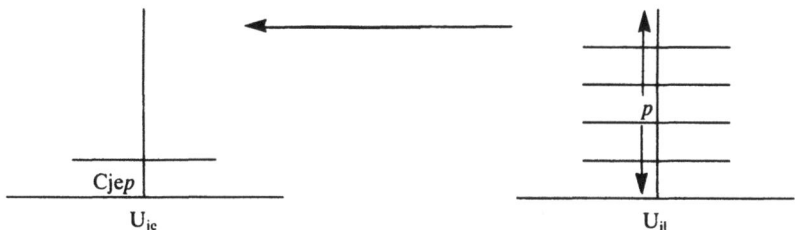

Divers arguments plaident en faveur de cette hypothèse :
- l'emploi de l'indicatif et non du subjonctif[3] ;
- le test de *même*. On dira :

Je crois qu'il viendra,
  et même j'en suis sûr
  j'en suis même sûr
  c'est même une certitude
  je puis même dire que je le sais
mais non : *Je crois qu'il viendra*
  * *et même j'en doute beaucoup*
  * *et même je me le demande;*

- le fait que seul un inverseur comme *mais* peut contrecarrer ce cinétisme naturel en direction du vrai :

Je crois qu'il viendra,
  mais je n'en suis pas sûr
  mais je n'en ai pas la certitude.

L'orientation vers le vrai est représentée par B. Pottier[4] au moyen du schéma suivant :

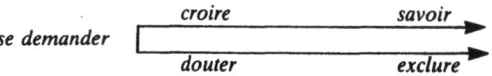

2. Propositions et entités

Le verbe français *croire* permet de distinguer, à l'intérieur du modèle général que l'on vient de décrire, deux usages linguistiquement disjoints. Tantôt *croire* construit une proposition dont il modalise la vérité (*Il croit que Marie l'épousera*); tantôt il construit un substantif qui distingue une certaine entité dont on envisage la réalité (*Il croit aux revenants*). Ces deux emplois sont moins éloignés qu'il n'y paraît. Dans le cas de l'entité, les mondes possibles comportent une proposition existentielle: *e existe*. Vraie dans au moins un monde, cette proposition a toute chance de l'être dans la plupart d'entre eux et conséquemment dans m_o[5].

B. *Saisies du cinétisme*

A supposer que, dans l'univers évoqué, le cinétisme du croire est orienté vers le vrai, celui-ci peut être saisi à diverses étapes de son déroulement. Dans cette vérité subjectivement approchée, on se fonde sur des raisons de croire, alors qu'il n'existe pas de «raisons de savoir». On demande: *Comment savez-vous cela?* mais *Pourquoi croyez-vous cela?*[6]. Le savoir s'impose de telle ou telle manière. La croyance se construit sur telle ou telle raison. Il y faut une adhésion volontaire[7]: *Je veux croire que...*

Or les raisons de croire sont plus ou moins nombreuses et plus ou moins convaincantes. On conçoit ainsi que le croire n'aille pas en dehors de degrés de vraisemblance.

- Minimales, les raisons de croire situent *p*, engagé dans le mouvement véridictionnel, à proximité immédiate du faux. *Croire que p* peut signifier «s'imaginer que *p*», où *p* n'a d'autre réalité que celle d'une illusion éphémère: *Je me crois revenu au temps de ma jeunesse*. Je sais qu'il y a là de la mystification. Mais l'espace d'un instant, je me laisse aller à croire. Par jeu, plutôt que par conviction. La pensée ne déserte que minimalement le faux[8].

- Plus habituellement, les raisons de croire l'emportent sur les raisons contraires. Tantôt la croyance se fonde sur une conjonction d'hypothèses propres à organiser le réel; conjonction plus ou moins forte et qui entraîne du fait même une conviction plus ou moins assurée. C'est le croire pragmatique. Tantôt la croyance vient du témoignage d'autrui[9]; témoignage inégalement digne de foi et auquel, subjectivement, j'accorde une inégale confiance; c'est le croire d'autorité; une grande partie de mon «savoir» se fonde uniquement sur un croire d'autorité (*Lima est la capitale du Pérou*). Tantôt encore la croyance peut tenir à une intuition d'un autre ordre, à des raisons que la raison ne connaît pas, et mon croire, dogmatique [10], sera de l'ordre de la foi.

- Enfin ma conviction peut avoisiner la certitude : *Je crois fermement que..., Je crois incontestable que...* Le croire peut n'être qu'une façon de voiler, par pudeur, par discrétion, par politesse, ce qui, pour moi, ne fait pas de doute.

Pourtant *p* est présenté, même dans ce cas, comme une conviction, subjectivement assumée, et non comme un savoir objectivement partageable. La conviction peut certes frôler la certitude, mais sans l'atteindre. L'idée de croyance permet à l'autre de faire valoir d'éventuelles objections et à moi-même de me rétracter sans perdre la face : *p* n'est pas asserté avec la force de ce qui est évidemment vrai. Impossible de dire sans mauvaise foi *Je crois qu'il est à la maison* si je sais pertinemment qu'il y est. Impossible également de placer dans le champ de *croire* une proposition subjective dont la valeur de vérité ne peut être mise en doute : * *Je crois que j'ai mal*. On a mal, plus ou moins, ou on n'a pas mal. Mais dès lors qu'on sent le mal, on ne peut le nier. Même imaginaire, il existe dans le sujet. Rien ne s'oppose à l'usage du verbe *savoir : Je sais que j'ai mal*; pour subjective qu'elle soit, la constatation n'empêche pas le savoir. Mais on ne peut affirmer croire ce dont il est impossible de douter. Pour des raisons comparables, *je crois que* ne peut construire un performatif : * *Je crois que je te promets de venir*.

Bref, on peut représenter la croyance que *p* par une tension qui porte *p* vers le vrai, un cinétisme qui va du faux au vrai ; diverses « saisies » y sont possibles, une infinité, mais toutes au delà du faux et toutes en deçà du pleinement vrai. Soit en schéma :

degrés croissants de vraisemblance

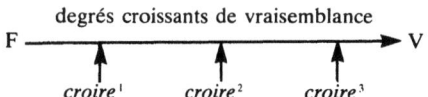

| *p* est vrai dans *au moins* un monde possible (vraisemblance minimale) | *p* est vrai dans la plupart des mondes possibles (vraisemblance moyenne) | *p* est vrai dans quasiment tous les mondes (vraisemblance maximale) |

C. Fidélité du locuteur dans la restitution de l'univers évoqué

Le locuteur évoquant, dans l'usage oblique, un univers qui n'est pas le sien, l'on peut s'interroger sur la fidélité de la représentation qu'il en donne. A quelles conditions le locuteur a-t-il le droit de dire : « Pierre croit que *p* » ?

Comme tous les verbes qui évoquent un hétéro-univers, le verbe *croire* suppose, ou bien que *p* a été formulé par Pierre, ou bien que *p* est au moins la conséquence de ce que Pierre a pu dire ou de ce qu'il laisse paraître. Bref, le dire ou le comportement de Pierre doit, aux yeux du locuteur, impliquer *p*, rien de plus.

Supposons que Marie dise « Pierre regrette son voyage ». Supposons encore que le locuteur sache que le voyage de Pierre l'a conduit en Turquie. Il pourra rapporter ainsi les propos de Marie :

Marie croit que Pierre regrette son voyage en Turquie,

que Marie sache ou ne sache pas que Pierre a voyagé en Turquie. Pour le locuteur, ce que Marie a dit est pragmatiquement équivalent aux propos qu'il mentionne. L'implication, dans son univers de croyance, de « *q* » à *p* lui permet, sans infidélité, d'affirmer que *Marie croit que p*. La référence de *voyage* s'opère dans son propre univers. De même *Marie croit qu'elle gagnera plus que Pierre* relate fidèlement la croyance de Marie si, sans savoir combien elle gagnera, Marie croit qu'elle gagnera 20.000 F et si le locuteur sait que Pierre gagne moins de 20.000 F : peu importe que Marie connaisse ou ne connaisse pas le traitement de Pierre. Le locuteur est notamment en droit, dans la représentation qu'il donne de l'univers d'autrui, d'y ajouter tous les présupposés qu'il souhaite, car, à ses yeux, la négation de présupposés serait absurde et il peut donc sans mauvaise foi les transporter dans l'hétéro-univers qu'il évoque :

Marie croit que Pierre a encore échoué

est véri-conditionnellement acceptable même si Marie ignore que Pierre a déjà précédemment échoué[11].

Ce principe simple qu'une proposition évoquée dans un hétéro-univers doit répondre seulement, dans l'univers de celui qui l'évoque, aux conditions de l'implication, permet aussi de proposer une solution au paradoxe de Kripke 1979 : Pierre, élevé en France, entend parler de la ville de Londres et il acquiert cette croyance que *Londres est une belle ville*. Plus tard, vivant à Londres, mais qu'il ne connaît que sous le nom de *London*, il tient pour vrai que *London est une ville affreuse*. Comme il ne fait pas le rapprochement entre *Londres* et *London*, ses croyances ne sont en rien contradictoires. Mais, dit Kripke, dans ces conditions, la proposition *p* :

Pierre croit que Londres est une belle ville

est-elle vraie ou est-elle fausse ? A ses yeux, cette question n'a aucune réponse, quelle que soit la théorie de la référence que l'on se donne.

De fait, le paradoxe n'existe que dans une théorie réaliste de la vérité, sans doute nécessaire en logique, mais rejetée ici, étant donné le point de vue linguistique que l'on adopte. Relativisée à des univers de croyance, la vérité de *p* dépend de la lecture qu'on en fait : la proposition évoquée *Londres est une belle ville* peut être lue « *Londres* » *est une belle ville* où « *Londres* » est un « îlot textuel »[12] propre à l'hétéro-univers de Pierre ; elle peut être lue aussi sans guillemets, auquel cas *Londres* réfère à l'entité que le locuteur sait être identique à celle de *London*. Du fait même, pour le locuteur, si *Londres* est muni de guillemets, *p* est une proposition vraie ; sans guillemets, *p* est une proposition fausse[13].

II. Emplois obliques et univers sous-jacent

A. *Orientation du cinétisme*

L'hypothèse que nous avançons, on se le rappelle, est que, dans l'univers sous-jacent, celui du *je*, indissociable de l'usage oblique, la tendance au vrai, caractéristique de l'univers évoqué, se trouve retournée en une tendance inverse. En d'autres termes, mon croire à moi qui évoque le croire d'autrui est orienté en direction du faux. Dire *Il croit que p*, c'est généralement laisser entendre que moi-même je ne le crois pas. Supposons que je sache que *p*. Impossible d'avancer dans ces conditions que *Pierre croit que p*; il me faudra dire ou bien que Pierre le sait aussi ou bien, s'il marque quelque hésitation, qu'il s'en doute.

Dans certains contextes, la tendance au faux peut être si forte qu'il me serait difficile, sans me déjuger, de la nier. Il en est ainsi notamment :

- dans le tour factitif : *faire croire qqc. à qqn; laisser croire qqc à qqn*[14]. Si je cherche à faire partager ma croyance effective, j'essaierai de persuader mon interlocuteur, ou mieux de le convaincre. Le *faire croire* quant à lui ne va pas sans falsification[15]. *Je lui ai fait croire que p, Il lui a fait croire que p...* impliquent que *p* est faux. Il serait difficile, du moins en français[16], de dire : *Il lui a fait croire la vérité.*

- La fausseté s'attache de même à tous les emplois où je décris mon propre univers de croyance en un temps antérieur à t_o, univers qui n'est plus mon univers actuel : *Je croyais que p, J'ai cru que p, J'ai pu* *croire que p...* : autant de formes qui laissent entendre que je ne le crois plus, que *p* m'apparaît maintenant comme faux. Evoquer mon propre univers dans le passé, c'est inévitablement suggérer une rupture. * *Je croyais déjà que...* paraît difficilement recevable (en face de *Je savais déjà que...*, où l'objectivité du savoir garantit la permanence). Il suffit même d'une simple itération pour suggérer le faux : *Quand elle se relève, je crois toujours qu'elle boite.*

 - A la limite, la proposition *p* serait, en dehors du contexte oblique, une proposition paradoxale :

Il se croit plus intelligent qu'il n'est (* *Il est plus intelligent qu'il n'est,* d'où l'impossibilité, en dehors du style indirect, de * *Je me crois plus intelligent que je ne suis*)
Il croit que ce n'est pas Marie qui a écrit la lettre qu'elle a écrite
Il croit que je ne suis pas ici. Il me croit à mille lieues d'ici (Comment serais-je à mille lieues d'où je suis ?)
Il croit que je ne sais pas que...

Bref, *il croit l'impossible*. Comment pourrais-je le rejoindre dans l'absurde ? Les formulations abondent où l'erreur est explicitement relevée : *Il croit à tort que..., Il croit sottement, stupidement, juvénilement, sénilement, naïvement... que* (mais non * *Je crois à tort que...*). On ne marque la bonne foi, la sincérité, le sérieux de la croyance d'autrui que pour mieux la discréditer : *Il croit sérieusement que p*, ce n'est pas quelque feinte comme le bon sens le donnerait à penser. Souvent aussi une proposition en *mais* ou en *pourtant* vient confirmer une fausseté que je ne veux pas laisser dans le non-dit : *Il croit que p, mais en vérité..., mais en réalité...*

B. Saisies du cinétisme

Dans l'univers du *je*, la tendance est donc bien une tendance en direction du faux[17]. Pourtant ce cinétisme peut lui aussi être intercepté précocement et livrer ainsi une mise en doute minimale.

 - Quand le locuteur évoque, chez autrui, un croire dogmatique, il peut observer lui-même une attitude de neutralité. *Il croit fermement que les âmes renaîtront.* Comme ce croire échappe à toute preuve empirique, qu'il ne peut être qu'un objet de foi, je puis suspendre mon propre jugement, en laissant à l'autre le bénéfice de ses croyances. Comment contester ce qui échappe à toute rationalité ? On peut parier pour comme on peut parier contre, à moins que le pari ne soit truqué, comme celui de Pascal.

De même pour les entités. L'existence se constate. Si rien ne vient la conforter rationnellement, elle relève du croire dogmatique. Certes, situationnellement, ma propre croyance peut transparaître. *Il croit au Père Noël* véhicule une proposition existentielle fausse, car cette croyance se distingue des croyances généralement admises. *Il croit à la résurrection de la chair*, dans la bouche d'un incroyant notoire, induira également le faux. Mais ce sont là les connaissances du monde (je sais que le locuteur est incroyant) qui conduisent à conclure au faux. La forme linguistique, en tant que telle, ne l'impose pas. *Il croit fermement à Dieu* ne vous permet pas de dire si moi-même je suis croyant ou athée.

- Quand le sujet dont je décris l'univers de croyance évoque une impression subjective, je peux laisser entendre que cette impression est trompeuse, mais je peux aussi m'abstenir de prendre position : qui mieux que soi est juge de ses propres impressions ? Ainsi je dirai au médecin qui arrive : *Il croit qu'il va étouffer* sans mettre en doute la réalité de ses craintes. Il est vrai qu'on dirait aussi bien, et peut-être mieux : *Il a l'impression (le sentiment) qu'il va étouffer*.

- Quand le locuteur évoque non pas l'univers de tel ou tel, mais un univers anonyme, quelque univers de *on*, il peut indifféremment s'y associer ou il peut s'en démarquer :

Tout permet de / porte à croire que...
Il faut croire que...
Il est à croire que...
C'est à croire que...
Le plus raisonnable est de croire que...

à côté de :

Il est difficile de croire que...
L'erreur est de croire que...

- On ajoutera surtout les formes, liées à un univers anonyme, où l'énoncé, il est vrai quasi paradoxal, suppose la vérité de ce qui est cru :

N'est vaincu que celui qui se croit vaincu[18]
N'est laide que celle qui se croit laide
Celui qui se croit malade est réellement malade
C'est de se croire malade qui rend malade

Il suffit donc de croire que *p* pour que *p* soit vrai ? Ce serait trop facile, soyons lucides ! On dirait difficilement :

* *N'est belle que celle qui se croit belle*
* *N'est intelligent que celui qui se croit intelligent*.

Il se croit intelligent implique qu'il ne l'est pas. Et il ne suffit pas de croire qu'on l'est pour le devenir. Mais les défauts naissent pour peu qu'on veuille les faire naître. On peut se rendre bête, malade ou laid. Le paradoxe consiste à dire que le défaut n'existe pas en soi, mais qu'il y suffit de la croyance pour le faire apparaître. Soit :

en t_{o-k} : *elle n'est pas laide; mais elle se croit laide*
en t_o : *elle est réellement laide; elle l'est devenue.*

Cela dit, dans la majorité des emplois, *p* tend, dans l'univers du *je*, vers la plus grande invraisemblance. Si la fausseté n'est pas atteinte, c'est uniquement parce que la valeur de vérité est laissée dans le non-dit. Mais le faux est souvent insinué avec une force telle que la croyance équivaut à une assertion de fausseté [19].

L'ensemble des données recueillies peut se représenter ainsi dans l'univers sous-jacent du *je* :

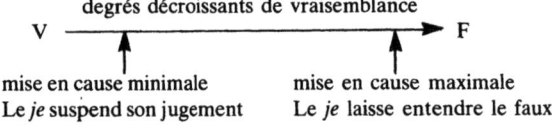

Le contenu du verbe *croire* se résume donc ainsi : dans l'univers évoqué, la proposition qui figure dans son champ tend vers le vrai; dans l'univers, sous-jacent, de celui qui parle, elle tend vers le faux [20] :

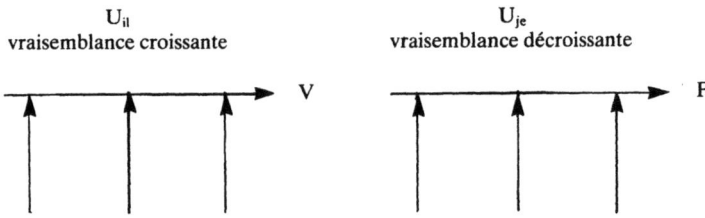

Des saisies diverses se pratiquent sur le cinétisme en direction du vrai et en direction du faux. Quand le locuteur évoque, dans l'emploi direct, son propre univers actuel, toute tension disparaît : les propositions de ma propre croyance tendent naturellement au vrai.

NOTES

[1] L'opérateur *croire* est intensionnel parce qu'il est impossible, à partir de la vérité de *p*, de calculer la vérité de C*xp* («x croit que *p*»).
[2] Voir sur cette notion notre contribution au recueil collectif publié par C. Fuchs sous le titre de *Aspects de l'ambiguïté et de la paraphrase dans les langues naturelles* (Bern, Peter Lang, 1985), pp. 143-165.
[3] Dans l'ancienne langue, une différence subtile, dans l'emploi du mode, sépare les usages directs et obliques. *Cf.* G. Moignet, *Gr. de l'anc. fr.*, p. 223. Le subjonctif de l'usage oblique est lié à la fausseté dans l'univers sous-jacent.
[4] Pottier 1983, 200
[5] Pour la variété des constructions de surface, voir notre article à paraître dans les *Mél. B. Pottier.*
[6] *Cf.* J.-L. Austin, *Other Minds*, in: *Proceedings of the Aristotelian Society*, t. suppl. 20, 1946, 149-150 et 152-153. Je n'ai pas pu avoir accès à ce texte; cité dans *Handbuch philosophischer Grundbegriffe*, Kösel, München, 1974, sous l'article *Wissen*.
[7] L'idée d'adhésion volontaire liée au croire peut expliquer les quelques exemples, paradoxaux, où un sujet est dit savoir qqc. sans le croire: *Nous savons bien que nous mourrons; mais nous ne le croyons pas* (P. Bourget, *Le disciple*, I, XXIII; cité dans le *Dict. de la langue philosophique* de P. Foulquié et R. Saint-Jean, *s.v. croire*).
[8] Au reste, on peut avoir des raisons de croire *p* tout en sachant que ∼ *p*. J'ai des raisons de croire que la terre est plate, mais je sais qu'elle n'est pas plate. Ces raisons ne sont pas suffisantes pour entraîner une conviction, même éphémère.
[9] Dans certaines langues (ainsi en quetchua, *cf. Linguistique*, sous la direction de F. François, Paris, P.U.F., 1980, 377) la forme verbale s'accompagne d'une marque opposant l'expérience vécue personnellement à la chose apprise par ouï-dire:
alquoqa hatun-mi «c'est le chien qui est grand (je l'ai vu)»
alquoqa hatun-ši «c'est le chien qui est grand (on me l'a dit)».
[10] Kant (éd. fr., 611-617) distingue trois degrés de croyance: l'opinion (Meinung), la foi (Glaube) et le savoir (Wissen). L'opinion est une «croyance qui a conscience d'être insuffisante aussi bien subjectivement qu'objectivement». La foi est une «croyance qui est suffisante subjectivement mais qui est en même temps tenue pour objectivement insuffisante». Le savoir est une «croyance objectivement et subjectivement suffisante».
[11] Les exemples sont inspirés par la lecture de Fauconnier 1983, notamment, p. 135, 136, 167, 168 et 185.
[12] *LS* 96, *Rem.* 2.
[13] L'explication ici proposée rejoint celle de Bencivenga 1983.
[14] La différence avec *faire accroire qqc. à qqn* est ténue. Peut-être la fausseté y est-elle plus nette encore. Le sujet y est obligatoirement de l'animé (*La lumière allumée m'a fait croire qu'il était là*, mais non: * *m'a fait accroire*). On renvoie aux définitions des dictionnaires: *faire croire qqc. à qqn* «lui faire admettre ce qui est faux»; *laisser croire qqc. à qqn* «laisser volontairement cette personne dans l'erreur» (*Lar. lang. fr., s.v. croire*).
[15] La définition de *faire croire* formulée par A.J. Greimas (1983, 74) ne peut ainsi se comprendre que dans une pure convention métalinguistique («faire de sorte que S_1 porte un jugement de certitude à propos de quelque chose»).
[16] L'anglais paraît s'accommoder de telles tournures: *Give him some proof to make him believe the truth.*
[17] Du même coup, on accepte mal un axiome comme celui-ci (Gardies 1979, 119):
Cx Cx *p* $\Rightarrow$ C*xp* («Si x croit qu'il croit que *p*, alors il croit que *p*»).

En effet, dans le second membre, je donne pour vrai que Cxp, ce que le premier membre met en doute, car pour celui qui parle, la proposition qui se trouve dans le champ de C employé avec un argument autre que *je* est au moins virtuellement fausse.

[18] Mounier, *Traité du caractère*, 433.

[19] Une contre-épreuve de la description proposée est fournie par le comportement sous la négation. V. notre article à paraître dans les *Mél. B. Pottier*.

[20] Faute de faire la distinction des deux univers, on est conduit à une impasse. Pour Soulhi 1985, 47, *il sait que p* implique *p* et *il croit que p* implique $\Diamond\, p$. Mais dans le second cas, l'implication vaut seulement dans l'univers de *il*. L'hypothèse positiviste du monde «réel», généralement acceptée dans la logique des mondes possibles, n'est pas soutenable en linguistique.

TROISIEME PARTIE

Les « images d'univers ». Quelques applications

Le propos de cette troisième partie est de montrer, au moyen de quelques exemples, le bénéfice théorique que procure la notion d'image d'univers telle qu'elle a été définie au premier chapitre. Pour en raviver l'intuition, reprenons l'exemple simple de la négation.

Dire que Pierre n'est pas revenu, c'est laisser entendre qu'il aurait pu se faire qu'il revienne : on pouvait penser qu'il reviendrait. Asserter $\sim p$, c'est déclarer que $\sim p$ appartient à mon univers de croyance; mais c'est en même temps suggérer que p était possible, c'est-à-dire vrai dans quelque monde annihilé par le réel, devenu contrefactuel, mais qui, à un moment donné, appartenait à un univers de croyance U'. Cet univers U', distinct de mon univers actuel mais que la négation suppose et auquel, au moins implicitement, elle se réfère, cet univers dépassé ne se conserve, dans mon discours, que sous la forme d'une *image*. Asserter $\sim p$, c'est donner p pour vrai dans au moins un monde d'une image d'univers. A quoi correspond une telle image? La langue ne tranche pas entre diverses hypothèses, laissées dans le *non-dit*. L'image peut être celle de mon propre univers en un temps antérieur à celui de l'énonciation; elle peut être celle d'un univers autre que le mien, ou encore celle, anonyme, d'un *on* indéfinissable [1]. L'idée d'« assertion préalable » développée par O. Ducrot [2], celle d'« avant » que G. Guillaume associe à l'affirmation positive par opposition à l'« après » de la négation, celle de « néantisation » de la philosophie sartrienne, ne sont que des variantes d'une même conception de la négation. La notion d'image d'univers a seulement pour avantage de la rendre compatible avec une sémantique des mondes possibles.

Consacrée à des applications, cette partie touchera ainsi à des sujets divers :
- la phrase négative, plus précisément la phrase qui comporte un *ne* dit «explétif» (chap. V);
- la phrase concessive (chap. VI);
- la phrase exclamative (chap. VII).

NOTES

[1] «On-vrai», au sens de Berrendonner 1976.
[2] Anscombre-Ducrot 1983, 131; V. aussi, à propos de la négation, Ducrot et al. 1980, 52: «*Pierre n'est pas petit; au contraire, il est immense*. La deuxième partie de cet énoncé complexe est dite 'contraire' à quelque chose, mais quoi?... Elle ne peut être contraire qu'à l'assertion *Pierre est petit* niée dans la première partie».
La sous-jacence de l'«assertion préalable» ressort bien par la comparaison avec cet énoncé synonyme mais mal formé : * *Pierre est grand; au contraire, il est immense.*

Chapitre V
Le *ne* dit « explétif » et les univers de croyance *

Les usages « explétifs » de *ne* tiennent assurément du paradoxe. Partout ailleurs ce mot signifie la négation, que ce soit en alliance avec un « forclusif » (*pas, rien, jamais...*) ou que ce soit à lui seul (*Je n'ose le dire*), à moins que le restrictif *que* ne l'inverse. Ici, bizarrement, il ne modifie pas la valeur de vérité de la proposition qui le comporte : *Je crains qu'il ne vienne* équivaut à *Je crains qu'il vienne*, et l'une et l'autre phrase correspondent à *Je crains sa venue* et non pas *Je crains sa non-venue*.

Les tentatives d'explication ne font pas défaut. La plus remarquable reste peut-être celle de Damourette et Pichon[1], qui traitent ce *ne*, on le sait, comme le lieu d'une « discordance ». Ainsi, la crainte est « une attitude psychologique dans laquelle il y a discordance entre ce que le sujet désire et ce qui lui semble probable »[2]. L'ennui de cette explication vient cependant du vague qui l'entache et qui, aux yeux de beaucoup[3], la discrédite. Le regret par exemple a-t-il du sens en dehors du possible ? Si je regrette que Sophie soit partie, c'est qu'il aurait pu se faire qu'elle ne parte pas, et c'est bien ainsi que se justifie le

---

* Ce chapitre reprend, avec des accommodements et des rectifications minimes (notamment sous IIA3), l'article paru dans la *Rev. Ling. rom.* de 1984 (99-121). Celui-ci a néanmoins été allégé de la partie liminaire (« Un signe paradoxal ») où diverses conceptions ont été discutées et qui n'est pas directement utile à notre propos.

subjonctif. Or ce possible sous-jacent, contrefactuel en l'espèce, cette «discordance» entre ce qui est et ce que l'on imagine, ne permet d'aucune façon d'employer ne: * *Je regrette qu'elle ne soit partie* est une phrase grammaticalement mal formée. C'est dire assez que la discordance n'y suffit pas.

C'est pourtant cette hypothèse que nous allons reprendre ici. Mais on ne se contentera pas de procéder, comme le font Damourette et Pichon, par énumération des «discordances» pertinentes, piètre solution qui révèle l'insuffisance de la notion choisie. Le propos sera plutôt d'en fixer la définition, et l'on recourra pour cela à la notion d'image d'univers. L'approche sémantico-logique conduira à une typologie nouvelle. Du même coup se posera aussi le problème de l'unité de *ne*: en décrivant le *ne* explétif au moyen d'une saisie précoce opérée sur un cinétisme qui va du plus au moins, la linguistique guillaumienne a proposé une hypothèse séduisante dont on se demandera si elle est compatible avec la définition que nous allons nous-même construire.

I. Hypothèse

1. L'idée de discordance utilisée par Damourette et Pichon peut se comprendre ainsi: *ne* explétif est le signe que la proposition où il fonctionne appartient à deux *mondes* distincts, avec des valeurs contradictoires. L'un relève de l'univers de croyance lui-même; l'autre de quelque image que le locuteur construit.

Ainsi pour les verbes de crainte:

(1) *Je crains qu'il ne vienne.*

D'une part sa venue est évoquée dans un monde possible que je dis craindre; mais en même temps est suggéré, sous-jacent dans une image alternative, un monde lui aussi possible où sa venue n'a pas lieu et qui correspond à mon souhait. Pour la brièveté, nous appellerons ce monde le «monde alternatif». En d'autres termes, dans le monde possible où p est évoqué, objet de ma crainte, p est vrai; dans le «monde alternatif», lui aussi possible, objet de mon souhait, il est faux. Cette contradiction — cette «discordance» si l'on préfère — entre la valeur «vrai» dans le monde évoqué et la valeur «faux» dans quelque monde alternatif entraîne l'usage possible de *ne* dans p. Il s'agit bien d'un usage possible, la valeur «vrai» dans le monde évoqué justifiant entièrement l'absence éventuelle de toute forme négative[4].

Soit en résumé :

> *ne* est le signe d'une contradiction
> entre le monde où *p* est évoqué — où *p* est vrai
> et un monde alternatif — où *p* est faux.

Là s'arrête, reformulée dans un langage logico-sémantique, l'hypothèse de Damourette et Pichon. Sous cette forme, il n'est pas difficile de voir qu'elle est insuffisante. Reprenons l'exemple du regret :

(2) *Je regrette qu'il vienne.*

Ne y est impossible. Pourtant on peut là aussi distinguer :

- le monde où *p* est évoqué, où il est vrai, et qui est l'objet de mon regret ;

- un monde alternatif où il aurait pu se faire que *p* soit faux.

Or la contradiction entre ces deux mondes n'entraîne pas l'usage de *ne*. Il est vrai qu'entre (1) et (2) la différence est importante :

- dans (1) le monde évoqué et le monde alternatif sont des mondes possibles : il est possible que *p* ; il est possible que ~ *p* ;

- dans (2) le monde évoqué est le monde réel ; le monde alternatif est un monde contrefactuel, c'est-à-dire dont la possibilité se trouve déjà annihilée par le réel.

Il faut donc nous demander à présent quelles restrictions doivent être imposées aux deux mondes, évoqué et alternatif, pour que la formulation de l'hypothèse logico-sémantique devienne adéquate aux faits.

2. Voyons tout d'abord s'il existe des restrictions sur le monde où *p* est évoqué comme vrai. On n'a aucune peine à trouver des exemples où ce monde est m ou $\bar{m}$:

- m : *Je crains qu'il ne l'ait dit* ⇒ il est possible qu'il l'ait dit. Donc $p \in m$.

- $\bar{m}$: *Il s'en est fallu d'un rien qu'il ne l'ait dit.* Le monde évoqué est celui qui a failli être, où *p* est vrai. Ce monde est un monde contrefactuel (il aurait pu se faire — on en était tout près — qu'il le dise). On déduit de cette phrase que dans m_0 *p* est faux. C'est le monde m_0 qui joue le rôle de monde alternatif. Donc $p \in \bar{m}$.

Ces exemples montrent qu'aucune restriction ne s'exerce sur le *monde évoqué* : celui-ci est indifféremment m ou $\bar{m}$.

3. Les restrictions frappent uniquement, en effet, le monde alternatif : celui-ci est forcément un monde possible (le monde réel, redisons-le, n'étant lui-même qu'un monde possible, quoique privilégié). Cela revient à dire que le monde alternatif ne peut pas être un monde contrefactuel.

Reprenons les mêmes exemples :

- *Je crains qu'il ne l'ait dit*. Il est possible — ce que je souhaite[5] — qu'il ne l'ait pas dit. Le monde alternatif est un monde possible : *p* y est faux.

- *Il s'en est fallu d'un rien qu'il ne l'ait dit*. Le monde alternatif est le monde réel, possible privilégié. Comme précédemment, *p* y est faux.

On en arrive donc à formuler ainsi l'hypothèse sur *ne* explétif :

1. Ce *ne* est le signe d'une contradiction
   entre le monde où *p* est évoqué   — où *p* est vrai
   et un monde alternatif   — où *p* est faux.
2. Le monde alternatif est un monde possible (et non pas un monde contrefactuel) dans une image d'univers.

II. Typologie et contre-épreuve

A. Typologie

Partant de l'hypothèse ainsi reformulée, on peut reconstruire une typologie des emplois qui ne diffère pas à vrai dire de la typologie traditionnelle, mais où chacun des cas se rattache aux principes que l'on vient d'énoncer. On distinguera l'emploi en complétive et en subordonnée circonstancielle, avant d'examiner le cas particulier de la comparative d'inégalité.

1. Emplois en subordonnée complétive

a) *p* se trouve dans le champ d'un verbe, d'un substantif ou d'un adjectif signifiant la crainte : *je crains qu'il ne vienne; la peur qu'il ne vienne; inquiet qu'il ne vienne*.

Les grammairiens[6] observent que, sous la négation, le verbe de crainte n'appelle pas *ne* dans la subordonnée (*je ne crains pas qu'il vienne*). Cela se conçoit. Niée, la crainte n'est plus un facteur induisant le monde alternatif qui appelle *ne*. Sous l'interrogation (qui porte en elle à la fois du positif et du négatif), les deux formes[7] sont également fréquentes (*Craint-il que je vienne?; Craint-il que je ne vienne?*).

Au demeurant, même sous la négation, *ne* n'est pas tout à fait exclu[8]. Au lieu de porter sur l'idée de crainte, la négation prend alors pour champ la phrase entière, préalablement construite, où *ne* a sa place selon le mécanisme décrit. Soit:

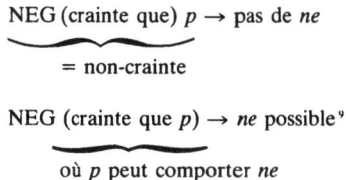

où *p* peut comporter *ne*

b) *p* se trouve dans le champ d'un verbe d'empêchement (*pour éviter qu'il ne vienne*): le monde évoqué est un monde possible où *p* est vrai; mais le verbe principal induit l'idée d'un monde alternatif, également possible, où *p* est faux. Dans ce cas, affirment Damourette et Pichon, «le discordantiel est de règle»[10]: mais D. Gaatone[11] apporte des exemples où, comme ailleurs, *ne* est omis.

c) *p* se trouve dans le champ d'une double négation (en particulier d'un verbe de doute ou de négation à la forme négative ou interrogative):

Pierre ne nie pas qu'il ne l'ait dit

Si Pierre ne nie pas que *p*, c'est donc que, dans son univers (appelons-le «U_{il}»), *p* est au moins possible. Le monde évoqué est ainsi, dans U_{il}, un monde possible où *p* est vrai.

Mais *ne pas nier que p* laisse entendre aussi qu'il aurait pu se faire que Pierre nie que *p*, c'est-à-dire qu'il tienne *p* pour faux. Ainsi s'évoque un état au moins envisageable de l'univers de Pierre (appelons cette image «U'_{il}»), où *p* est faux (dans m_o appartenant à U'_{il}).

Ainsi s'opposent:
- un monde évoqué tel que: $\quad p \in m \in U_{il}$
- un monde alternatif tel que: $\quad \sim p \in m_o \in U'_{il}$.

Une explication en tout point comparable vaut pour

Mais plus tard il n'est pas impossible que la conception du temps ne change et que...[12].

Le type *Il n'est pas impossible que p* laisse entendre qu'il existe au moins un monde où *p* est vrai mais qu'on pouvait penser (= U_{on} tel que $U_{on} \neq U_{je}$) qu'il serait impossible que *p*, ce qui revient à dire que *p* serait faux dans tous les mondes possibles de U_{on}.

On distingue ainsi :
- un monde évoqué tel que : $p \in m$
- un monde alternatif tel que : $\sim p \in m \in U_{on}$.

Une négation supplémentaire altère le mécanisme et élimine *ne* :
Il est difficile de ne pas nier qu'il soit stupide (ou qu'il est stupide).

A noter que le tour restrictif peut suffire pour entraîner le *ne* explétif :
On ne peut qu'espérer / attendre / souhaiter / désirer / vouloir que la guerre ne s'arrête enfin[13].

Que inverse alors le mouvement négatif engagé par *ne*, et cette inversion est assimilée à celle d'une double négation.

d) *p* se trouve dans le champ d'un verbe de faillissement :
Il s'en est fallu de peu qu'il ne le fasse
Peu s'en faut qu'il ne le fasse.

C'est le seul cas, comme il est dit plus haut, où le monde évoqué est un monde contrefactuel.

e) *p* se trouve dans le champ d'un verbe marquant l'impatience :
Il me tarde qu'elle ne rentre[14].

Un tel verbe évoque aussi un monde où *p* est vrai. Mais l'impatience ne va pas sans la crainte d'un possible contraire, c'est-à-dire d'un monde possible où *p* est faux.

f) *p* se trouve dans le champ de *il ne tient pas à lui que*[15] :
Il ne tient pas à moi qu'il ne le fasse.

Il est donc possible qu'il le fasse : *p* est vrai dans ce monde possible évoqué. Mais comme ce faire est indépendant de moi, l'idée naît d'un monde où il ne le ferait pas.

2. *Emplois en subordonnée circonstancielle*

Le propre de ces emplois est qu'il s'établit une relation entre deux propositions, l'une subordonnée (*p*), l'autre principale (*q*) :

q, à moins que p
q, avant que p
q, sans que p.

Dans le monde évoqué — celui de la subordonnée —, *p* est envisagé comme vrai. Le monde alternatif, dans une telle relation, est celui de *q*. Or dans ce monde, *p* est nécessairement faux, car sa vérité serait contradictoire avec celle de *q*. Voyons cela cas par cas.

a) *q, à moins que p*

p est évoqué dans un monde possible dans lequel il est vrai et où *q* est faux. Mais, dans un premier temps, *q* est asserté; il faut donc, pour que cette assertion soit justifiée, envisager aussi un monde — celui de *q* — où *p* est faux.

b) *q, avant que p*

Le monde évoqué est celui où *p* a lieu (et où du fait même il est vrai). Mais dans le monde (alternatif) de *q* (obtenu par antériorité chronologique)[16], *p* n'est pas encore, ce qui revient à dire qu'il y est faux (quoique possible par la suite).

> Rem. Après la conjonction *après que, ne* est pratiquement exclu. Damourette et Pichon en fournissent cependant un exemple[17]. Dans le monde de *q*, *p* est accompli, de telle sorte qu'il est plus difficile de le considérer comme faux.

c) *q, sans que p*

Dans son propre monde, *p* est envisagé comme vrai; mais dans le monde de *q*, il est faux, sous peine de contradiction. Ici cependant *p* est faux dans les faits, ce qui conduit à l'envisager comme faux dans le monde évoqué. C'est peut-être la cause des réticences que manifestent les grammairiens puristes. Cas limite qui s'est sans doute développé, comme le suggère D. Gaatone[18], à la faveur des forclusifs qui fréquemment apparaissent dans l'orbite de *sans que*.

3. Cas particulier de la comparative d'inégalité

En comparative d'inégalité où il est quasiment obligatoire (*Elle est plus intelligente qu'elle n'est belle*), l'interprétation de *ne* fait difficulté. Non pas qu'il faille douter de son caractère «explétif». *Pierre est plus heureux qu'il n'est décent de l'être* équivaut à *Pierre est plus heureux qu'il est décent de l'être* et ne saurait être remplacé par * *Pierre est plus heureux qu'il est indécent de l'être*[19]. Le problème est ailleurs. Certes dans l'inégalité positive (*plus intelligente que belle*), assimilant le pôle négatif de l'inégalité à une proposition négative, on peut considérer que là où *q* est vrai (*elle est intelligente*), *p* est faux (*Elle n'est pas aussi belle qu'elle est intelligente*). Mais cette assimilation serait erronée dans l'inégalité négative (*Elle est moins intelligente qu'elle n'est belle*, «sa beauté dépasse son intelligence»). Pourtant *ne* y est tout aussi fréquent. De même son emploi n'est pas compromis par la négation de la principale: *Elle n'est pas plus intelligente qu'elle n'est belle; Elle n'est pas moins intelligente qu'elle n'est belle*. Bref, il y suffit de l'inégalité, qu'elle soit niée ou non, qu'elle aille dans un sens ou dans l'autre[20].

Le *ne* de la comparative d'inégalité n'en est pas moins fortement apparenté aux usages précédemment décrits. La notion d'image[21] devrait rendre sensible cette proximité. Une relation d'inégalité est une relation susceptible d'être parcourue dans un sens ou dans l'autre. Or c'est une relation non symétrique. Si elle est vérifiée, la relation inverse, toujours sous-jacente, ne l'est pas. Supposons que Pierre soit plus grand que Marie; alors il est faux que Marie est aussi grande (ou plus grande) que Pierre:

$$(a > b) \Leftrightarrow \sim (b \geq a);$$

s'il est vrai que Marie est plus belle que Pierre n'est intelligent, alors il est faux que Pierre est aussi intelligent (ou plus intelligent) que Marie est belle. Et le même rapport vaut dans la comparative d'infériorité. S'il est vrai que Marie est moins grande que Pierre, alors il est faux que Pierre a la même taille que Marie ou qu'il est moins grand qu'elle:

$$(a < b) \Leftrightarrow \sim (b \leq a).$$

Suggérée dans une image d'univers, la relation inverse r' appartient au monde m_o[22] que cette image comporte. La relation r' y est formulée au moyen de la négation (*Pierre est plus grand que ne l'est Marie* ⇔ *Marie n'est pas aussi grande que Pierre*), et c'en est assez pour appeler *ne* dans la comparative.

<small>Rem. 1. *Ne* semble obligatoire après *que* au sens de *sans que* ou *de peur que*: cela s'explique sans doute par le figement de ces tours[23].

Rem. 2. Le facteur qui suggère, en sous-jacence, un monde alternatif, n'est pas nécessairement explicite. Ainsi l'idée de crainte peut venir du contexte[24]: *Dès lors, on pouvait croire que Monsieur Prince ayant été victime d'un guet-apens, le télégramme ne fût apocryphe*. C'est dire au moins qu'il faut rejeter complètement l'hypothèse de l'automatisme syntaxique.</small>

B. *Contre-épreuve*

La validité d'une hypothèse ne s'éprouve pas seulement par les faits qu'elle explique, mais aussi par ceux que, légitimement, elle rejette. Elle doit, dans l'idéal, rendre compte de tous les faits attestés et seulement de ceux-là. Voyons donc quelques cas où le *ne* est impossible, mais où, à première vue, quelque « discordance » pouvait le faire attendre. On en distinguera trois, apparemment conformes mais en réalité contraires en quelque point à l'hypothèse que nous avons formulée.

1. *p* est faux dans le monde évoqué (là où l'hypothèse prévoit qu'il est vrai). *Je ne crois pas qu'il revienne.* Supposons qu'à la suite de

cette phrase, un interlocuteur dise: «Ah, si!». La contestation ne portera pas sur le fait de croire, mais sur la vérité de *p* («Ah, si, il reviendra»). *Croire que* fonctionne comme un opérateur transparent. Du fait même, la négation qui l'inverse se transmet aussitôt à la subordonnée. La fausseté de *p* dans le monde évoqué exclut ainsi l'usage de *ne*, en dépit de la discordance qu'une telle phrase comporte.

La même explication vaut pour un exemple comme celui-là:
- *Je ne me souviens pas qu'il l'ait rapporté (* qu'il ne l'ait rapporté).*
- *Mais si!* («mais si, il l'a rapporté»).

Ou encore:
- *Je ne veux pas qu'il sorte (* qu'il ne sorte)* = «je veux qu'il ne sorte pas».
- *Je défends qu'il sorte (* qu'il ne sorte)*[25].

2. Le monde alternatif est un monde contrefactuel (là où l'hypothèse exige que ce soit un monde possible). C'est dans ce sens qu'on a commenté plus haut l'exemple du regret. Le regret suppose certes un monde alternatif, mais celui-ci, contraire au monde réel, est un monde contrefactuel.

C'est la même chose dans *Je déteste qu'il dise cela (* qu'il ne dise cela)* et, plus généralement, avec tous les verbes de «subordination critique»[26].

Dans la concession, le monde alternatif est également contrefactuel: *Il viendra, bien qu'il pleuve*; il aurait pu se faire que la pluie empêche sa venue, mais c'est dans un monde contrefactuel. Cela suffit pour entraîner le subjonctif; c'est insuffisant pour justifier *ne*. Au reste, la négation envisageable affecte la principale et non pas la subordonnée.

Rem. Ainsi le *ne* explétif est loin de fonctionner dans tous les cas où apparaît le subjonctif. Cette constatation jette le doute sur l'hypothèse qu'a formulée C. Muller, selon laquelle *ne* serait «devenu la négation d'une polarité négative exprimée essentiellement par le subjonctif»[27]. Si c'est le cas, il faut expliquer les conditions très restrictives où cette négation a lieu.

Cela me conduit aussi à modifier légèrement la typologie du subjonctif proposée dans *Pour une logique du sens*[28]. Les verbes d'empêchement ont été considérés là comme des verbes générateurs de mondes contrefactuels. C'est assurément une erreur. *Eviter que p* induit du possible — au moment actuel ou dans le passé. L'analyse de *avant que* est à modifier dans le même sens.

Rappelons enfin les conditions pour qu'apparaisse un monde alternatif: il faut que la subordonnée soit dans le champ de certains éléments négatifs (crainte, empêchement, impatience...), d'une double négation, ou qu'elle soit introduite par des conjonctions comme *à moins que, avant que, sans que*. On pourrait penser que le souhait par exemple (*Je souhaite que p*) s'accompagne aussi de la crainte que ~ *p*. Ce serait se méprendre: le souhait a une valeur positive. Ainsi il n'entraîne pas l'idée d'un monde alternatif.

> *Rem. 1.* De même l'idée d'excès n'a pas le caractère négatif requis pour faire naître un monde alternatif. Ainsi le tour *trop... pour que* exclut *ne:* * *c'est trop bête pour que je n'y réplique*, et cela malgré la négation objective de la subordonnée (et l'apparition possible de forclusifs: *c'est trop bête pour que j'y réplique jamais*).
>
> *Rem. 2.* Une raison comparable explique l'impossibilité de *ne* après *jusqu'à ce que*: la visée «accompagnante» de cette conjonction inclut le point final où la contradiction entre *p* et *q* disparaît.
>
> *Rem. 3.* Observons enfin que, dans le faillissement, la contradiction n'est perceptible que si la distance est minimale par rapport au monde réel (où *p* est faux). Cette exigence a été pertinemment notée par Damourette et Pichon[29], qui opposent nettement: *Il s'en faut de beaucoup que nous soyons d'accord* et *Il s'en faut de peu que nous ne soyons d'accord*.

III. Vers une vision unifiée du morphème *ne*

La linguistique guillaumienne a le mérite de formuler sur *ne* une hypothèse unifiée qui en présente le «signifié de puissance» comme un cinétisme allant du positif au négatif. C'est cette hypothèse que nous allons discuter maintenant, en nous interrogeant sur la compatibilité possible avec l'hypothèse sémantico-logique ci-dessus avancée.

A. *L'hypothèse guillaumienne de la saisie précoce*

On s'accorde en linguistique guillaumienne pour considérer le *ne* explétif comme une saisie précoce sur le cinétisme négativant de ce morphème: «la négation 'explétive' ne correspond pas à la saisie ultime (...) du mouvement de négativité (...), mais à une saisie nécessairement antérieure où la négation n'a pas atteint sa pleine opérativité[30]». Soit en figure:

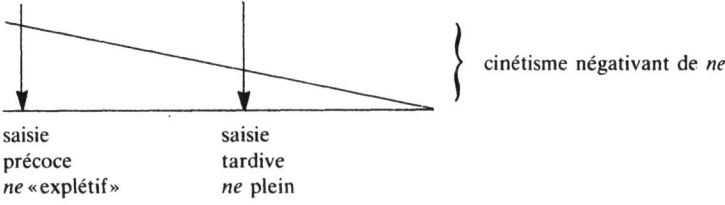

Cette représentation correspond assurément à l'intuition que l'on peut avoir des usages explétifs de *ne* et elle a notamment l'avantage de justifier l'alternance avec zéro. Elle ne dispense pas cependant de s'interroger sur les «idées regardantes» qui entraînent la saisie précoce. Pourquoi *Je crains qu'il ne vienne* mais *Je regrette qu'il vienne*? Pourquoi *nier qu'il vienne* mais *ne pas nier qu'il ne vienne*? L'idée du cinétisme ne permet pas, à elle seule, de répondre[31].

Notre propre hypothèse prend en charge ces différences. Mais est-elle conciliable avec l'hypothèse guillaumienne?

B. Hypothèse sémantico-logique et hypothèse de la saisie précoce

Il faut reconnaître que l'alliance de ces deux hypothèses ne va pas sans difficultés.

1. Si l'hypothèse sémantico-logique ci-dessus formulée est la bonne, alors, redisons-le, *p* est vrai dans le monde évoqué et faux dans le monde alternatif. Aussi une objection importante se présente-t-elle aussitôt à l'esprit, qui met en cause l'hypothèse guillaumienne: dans ce monde alternatif où il est faux, *p* est pleinement nié. Cela suppose que dans ce monde au moins la négation soit déjà entièrement construite, c'est-à-dire saisie au terme du cinétisme qui va du plus au moins, au plus près du moins. Pourtant, dans l'hypothèse guillaumienne, au stade précoce où s'opère la saisie de *ne* explétif, le faux est encore une notion à construire et non pas déjà construite. On s'enlise dans l'incohérence.

Peut-être cependant la difficulté n'est-elle pas insurmontable. Il faut rappeler en effet que ce monde alternatif doit être un monde possible. Or le possible précède, en «chronologie de raison», ce qui est. La négation dans un monde possible peut ainsi être considérée comme un *avant* par rapport à la négation dans le monde actuel.

2. Mais il s'ajoute une difficulté d'une autre nature. Entre le vrai et le faux prend place aussi le «plus ou moins vrai» ou — ce qui revient au même, du moins logiquement — le «plus ou moins faux»[32]:

Paul ne trompe pas sa femme, et Pierre pas du tout.

Comment comprendre ici *ne pas tromper sa femme*, si ce n'est que les menus écarts dans la conduite de Paul ne permettent pas de considérer qu'il y a là infidélité? En fait cette phrase négative relève du plus ou moins vrai ou du plus ou moins faux. En revanche, la conduite de Pierre étant en tout point irréprochable, on est aussi pleinement dans le vrai en disant de lui qu'il est un mari fidèle.

De tels exemples abondent, et l'on passe insensiblement du vrai au faux, selon un continuum qui pourrait bien correspondre au cinétisme guillaumien:

Pierre ne boit pas, et sa femme pas du tout.
Je n'aime pas les radis, et les tomates pas du tout.
Elle ne ressemble pas à son père et à sa mère pas du tout...

De tels exemples paraissent répondre autant à l'idée d'une saisie précoce que le *ne* explétif. Entre le vrai et le faux prennent place une infinité d'effets intermédiaires. Sophie ressemble à son père. Soit. Mais cette ressemblance est plus ou moins forte. Et du coup la phrase qui la décrit est plus ou moins vraie. Or dans ce continuum, on ne voit pas le rôle de *ne* explétif: celui-ci repose sur des mécanismes totalement différents.

Cette objection pourtant ne devrait pas non plus être dirimante. Le plus ou moins vrai naît de circonstances situationnelles. La plupart des phrases que nous produisons sont plus ou moins vraies, souvent moins que plus: mais généralement rien ne le signifie. Seule la connaissance du monde peut conduire à le détecter. Si une discrimination formelle s'opère, c'est du côté du forclusif (*pas/pas du tout, absolument pas, d'aucune façon...*). Aussi le plus ou moins vrai ne semble-t-il pas correspondre, à l'intérieur de *ne*, à des distinctions polysémiques distributionnellement repérables. On peut douter qu'il doive se situer sur le même schéma.

3. Tout bien pesé, on peut donc considérer que le *ne* explétif représente bien une saisie précoce sur le cinétisme qui mène du plus au moins, du vrai au faux, si l'on préfère. Cette saisie est commandée par un élément qui induit l'idée d'un monde alternatif, distinct de celui où p est évoqué comme vrai. Ce monde est un monde possible où p est faux.

Ainsi, la saisie précoce se distingue nettement d'autres plus tardives, où p est déclaré faux dans le monde actuel m_o (et du même coup vrai dans quelque monde contrefactuel $\bar{m}$). Soit en résumé:

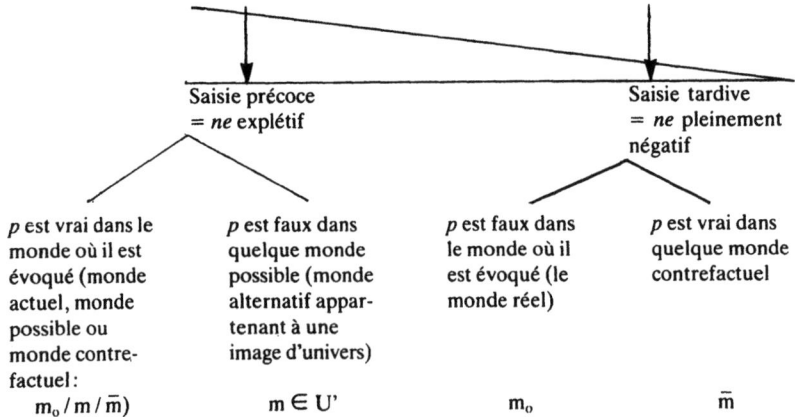

Saisie précoce
= *ne* explétif

Saisie tardive
= *ne* pleinement négatif

p est vrai dans le monde où il est évoqué (monde actuel, monde possible ou monde contrefactuel:
$m_o / m / \bar{m}$)

p est faux dans quelque monde possible (monde alternatif appartenant à une image d'univers)

$m \in U'$

p est faux dans le monde où il est évoqué (le monde réel)

m_o

p est vrai dans quelque monde contrefactuel

$\bar{m}$

La sémantique «logique» procure ainsi aux intuitions guillaumiennes le renfort d'un appareil conceptuel encore inconnu en linguistique il y a seulement quelques années et qui a les avantages d'une plus grande rigueur. Certes l'approche logico-sémantique ne permet pas de fonder l'hypothèse psycho-systématique du cinétisme en tant que telle, mais elle conduit à une plus juste définition des saisies auxquelles le cinétisme donne lieu. C'est dans ce sens que se dessine le chemin de la formalisation.

NOTES

[1] *EGLF*, § 2192 et suivants.
[2] *EGLF*, § 2195.
[3] V. en particulier Wilmet 1976a, 1082, qui dénonce dans ces analyses psychologiques une «pétition de principe»: «la présence du *ne* justifie l'interprétation 'discordantielle', et non l'inverse».
[4] *Ne* et zéro constituent ainsi une alternance libre.
[5] Mon souhait peut concerner seulement l'interlocuteur. *Cf.* Muller 1978, 83-84: *Ne faites pas de bruit, je crains que les enfants ne dorment* («je le crains pour vous; il aurait été préférable pour vous qu'ils ne dorment pas»).
[6] Grevisse, § 878.
[7] Et de même sous l'interrogation négative: *Ne craint-il pas qu'elle (ne) vienne?*
[8] I. Stauf fournit un bon exemple, repris par C. Muller 1978, p. 94. Sur 9 exemples où le verbe de crainte se trouve nié, Gaatone 1971, 99, en relève un seul avec *ne*: *Non, il n'y a pas de danger que l'abbé Gondi ne s'ennuie* (F. Mallet-Jorris, *Les personnages*, p. 117; cité p. 86).
[9] Ce phénomène d'ordination sémantique (comparable à ce qui se passe avec le subjonctif, *cf. LS*, 121-125) a été décrit par Damourette et Pichon (§§ 2211-2212), mais en des termes très différents.
[10] *EGLF*, § 2198.
[11] Gaatone 1971, 87.
[12] Citation de P. Janet, *EGLF*, § 2216.
[13] Muller 1978, 101.
[14] Muller 1978, 79 et 80. Exemples dans Stauf 1927, mais anciens.
[15] Muller 1978, 79 et Grevisse, § 884. D. Gaatone (p. 90) n'en a relevé aucun exemple.
[16] Le mécanisme est comparable avec *attendre que* ou *le temps que*...; v. *EGLF*, § 2207.
[17] *EGLF*, § 2210.
[18] Gaatone 1971, 93.
[19] Observation de C. Muller 1983, 306.

[20] Cela apparaît nettement dans les données chiffrées fournies par D. Gaatone (p. 99) : 205 occurrences de *ne* dans la comparative d'inégalité positive, contre 5 sans *ne*; 43 occurrences de *ne* dans la comparative d'inégalité négative, contre 1 seul sans *ne*. Quant à l'apparition de *ne* dans certaines comparatives d'égalité, elle s'explique généralement par l'inégalité de fait qui tient à la négation du premier terme (*Elle n'est pas aussi belle qu'elle n'est intelligente*) ou à sa forme interrogative (*Est-elle aussi belle qu'elle n'est intelligente?*). Peu d'exemples échappent à cette règle. Ailleurs, l'égalité apparaît comme paradoxale, inattendue, objet d'une polémique. C'est ainsi que s'interprètent les deux exemples de M. Proust (*Le Côté de Guermantes*, 77 et 1026) cités par Gaatone 1971, p. 97 ou encore ceux que rapportent Damourette et Pichon au § 2202, p. 131. L'un d'eux constitue cependant une réelle exception : *C'est une recherche qui est aussi importante que ne l'est le séro-diagnostic dans la dothiénentérie* (M.Bq, le 4 février 1920).

[21] Cette notion n'ayant pas été mise à profit dans l'article de la *Rev. ling. rom.* 1984, le lien avec les autres emplois explétifs en a été obscurci.

[22] D'où le mode indicatif. Dans l'image d'univers, m_o le cède à un monde m'_o, représentation épistémique de m_o. Ce monde répond évidemment à la condition exigée, à savoir de ne pas être contrefactuel.

[23] Gaatone 1971, 94.

[24] *EGLF*, § 2195, p. 122.

[25] Grevisse, § 879 : « Après *défendre que, défendre de*, ni le verbe de la subordonnée ni l'infinitif complément n'admettent *ne* ». C'était cependant possible jusqu'en fr. classique (*EGLF*, § 2199) : il faudrait, pour en rendre compte, une analyse détaillée de l'évolution sémantique de ce verbe. Peut-être *ne* explétif est-il encore possible aujourd'hui à la faveur d'un forclusif. C'est le sentiment de C. Muller (1978), si on en juge par l'exemple de la p. 81 : « *je défends/interdis que personne ne sorte* (au sens : je veux que personne ne sorte) ».

[26] On peut lire cependant dans l'*EGLF* (§ 2196) telle citation orale où *ne* figure p. ex. après *déplorer : Ils ont déploré que la peinture ne recraque*. Dans tel ou tel idiolecte — parfois par inadvertance — le second principe énoncé plus haut (« le monde alternatif est un monde possible ») ne s'impose plus. Ce qui est sûr, c'est que ces exemples vont à l'encontre de la norme ordinaire.

[27] Muller 1978, 102.

[28] P. 116.

[29] *EGLF*, § 2201. C. Muller (1978, 79) accepte : *Il s'en faut de beaucoup que Pierre ne soit parvenu à ses fins avec Marie*. C'est douteux.

[30] Joly 1972, 41. Formulation comparable dans Wilmet 1973, 75-76 et dans Moignet 1981, § 336.

[31] La présentation d'A. Joly (1972, 43) paraît à cet égard insuffisante. L'idée regardante serait simplement un « verbe de sémantisme négatif », « condition négativante » d'une « conséquence négativée ». Mais pourquoi les différences de traitement ci-dessus examinées ?

[32] *Cf. LS*, notamment pp. 26-29.

Chapitre VI
Concession et univers de croyance *

Il ne s'agira pas de montrer la variété de moyens dont disposent les langues pour exprimer la relation concessive, encore moins d'apporter un corpus diversifié d'exemples, ni même de faire voir les réseaux polysémiques dans lesquels, selon les langues et selon les vocables, la concession s'insère. Le propos est uniquement de fournir une définition et de faire apparaître les mécanismes logico-sémantiques qui paraissent en cause. L'idée sera que, dans tout énoncé concessif, on perçoit, sous-jacente, inscrite dans une image d'univers, une relation hypothétique dont l'antécédent est vrai et dont le conséquent est faux. C'est cette relation que l'on étudiera d'abord, en prenant pour exemple le type le plus simple, illustré en français par la forme *q, bien que p (Il est sorti, bien qu'il pleuve)*. On proposera ensuite une typologie où seront distinguées, outre la concession «simple», la concession «complexe» (en fr. de type *Quoi qu'il fasse, ... Où qu'il aille,...* où la concession se caractérise par l'appartenance de *p* aux mondes possibles), la concession «indirecte» (en fr. de type *Il travaille beaucoup, mais il est très bien payé*, où le conséquent de la relation hypothétique sous-jacente est une proposition implicite) et la concessive «restrictive» (en fr. de type *q, encore que p*, où la concessive forme une assertion nouvelle corrigeant celle de la proposition qui précède).

---

* Ce chapitre fournit une synthèse nouvelle à partir de notre article de *Mod. ling.* 1982 et de notre contribution au Colloque sur l'expression de la concession (*Linguistica Palatina* 1983).

I. Une relation hypothétique sous-jacente

En disant que *Pierre est parti malgré le retour de Sophie*, je laisse entendre qu'il aurait pu se faire que le retour de Sophie empêchât le départ de Pierre. En d'autres termes, on pouvait penser ceci: «Si Sophie revient, alors Pierre ne s'en va pas». Dans les faits, cette relation *si p*, ~ *q* n'est pas vérifiée: le retour de Sophie (*p*) n'a pas fait obstacle au départ de Pierre (*q*). En somme, elle est seulement «sous-jacente»; mais pour le locuteur elle était au moins envisageable; à ses yeux, il n'était pas déraisonnable de la considérer comme valide.

Ce lien de la concession à *si p*, ~ *q* (ou plus restrictivement à une relation causale d'empêchement) a été perçu par bon nombre de grammairiens. M.A. Morel[1] renvoie à un texte de E. Mätzner[2] où ce lien est décrit avec précision, peut-être pour la première fois: «Proche parente de la subordonnée hypothétique, la proposition adverbiale concessive pose elle aussi un rapport causal en tant que tel, avec cette différence cependant que la cause s'y trouve niée dans ses conséquences»[3]. En français, on citera la grammaire de C. Ayer[4]: «La proposition concessive, qui tient de très près à la proposition conditionnelle, exprime une circonstance qui, tout en mettant obstacle à une action, ne l'empêche pas d'avoir lieu». A date plus récente, les textes ne manquent pas où la concession est décrite en termes de «cause niée», de «cause inefficace» ou «contrariée»[5], de «cause brisée»[6], bref de «cause qui n'empêche rien»[7].

Tout le problème est de savoir ce qu'est la «sous-jacence» hypothétique ou causale, en d'autres termes de lui conférer un statut. Démentie par les faits, il va sans dire que la relation *si p*, ~ *q* n'est pas assertée: on s'enfermerait dans la contradiction. Si donc elle n'appartient pas au posé, on peut être tenté de la rapporter aux présupposés. C'est ce que fait par exemple M.A. Morel[8]. L'ennui, c'est qu'en l'occurrence les critères habituels de la présupposition s'appliquent fort mal[9]. Certes le test de l'interrogation fait effectivement pencher du côté des présupposés. La phrase *Pierre est-il parti malgré le retour de Sophie?* maintient l'idée que le retour de Sophie peut empêcher le départ de Pierre. Mais c'est peut-être un leurre, du moins si l'on en juge par les grincements que provoque le critère de la négation. Tout au plus peut-on imaginer une négation polémique: *Non, il est faux que Pierre soit parti malgré le retour de Sophie*. Mais l'interprétation d'une telle phrase est au moins double. C'est faux parce que Pierre n'est pas parti; ou bien c'est faux tout simplement parce que Sophie n'est pas revenue. Et en dehors de ce cas particulier, la négation de la principale inverse la relation *si*

p, ~ q en *si p, q* : *(Non,) Pierre n'est pas parti malgré le retour de Sophie*. Tout en laissant intacte la vérité de *Sophie est revenue*, cette phrase suggère, à l'encontre de la phrase positive, que l'on pouvait penser que le retour de Sophie entraînerait le départ de Pierre.

La question du statut de *si p*, ~ q, reste donc entière.

Les univers de croyance, et plus précisément les images d'univers, apportent là aussi, semble-t-il, une représentation clarifiante. Dire que

$$\underbrace{\textit{Pierre est parti}}_{q} \left\{ \begin{array}{c} \textit{malgré le retour de Sophie} \\ \textit{bien que Sophie soit revenue} \end{array} \right\}$$
$$\phantom{\textit{Pierre est parti}\ \ }\underbrace{\phantom{\textit{bien que Sophie soit revenue}}}_{p}$$

c'est admettre, dans m_o, la vérité de p aussi bien que de q, et c'est envisager, dans une image contrefactuelle, que (*si p*, ~ q). Soit :

$$\left\{ \begin{array}{ll} m_o: & p \wedge q \\ \bar{m}: & (\textit{si } p, \sim q) \end{array} \right\}$$

En d'autres termes, la concession de type q, *bien que p* a pour traits caractéristiques, d'une part, de conjoindre deux propositions p et q dans m_o et, d'autre part, de rejeter dans le contrefactuel la relation, en gros implicative, notée ici par *si p*, ~ q.

L'examen des moyens que les langues se donnent pour signifier la concession corrobore cette analyse. La morphologie reflète tantôt la relation implicative sous-jacente, tantôt le fait que p et q sont l'un et l'autre vrais dans m_o, tantôt encore la contradiction entre ce que l'on pouvait penser et ce qui est. Ainsi en vieux-slave [10], c'est la conjonction *ašte* («si») qui marque la concession; elle est seulement modulée par des éléments adventices. La vérité simultanée de p et q dans m_o conduit à user des morphèmes de simultanéité (fr. *quand même, quand bien même*), de «co-présence» (*Avec des formes grossières, des paroles rudes et violentes, elles ont souvent un cœur royal, infini de bonté*; Michelet, cité par F. Brunot, *La pensée et la langue*, 857), voire d'égalité (grec *hómōs*[11], all[d] *gleichwohl*...). L'idée d'opposition contrefactuelle rapproche la relation concessive de l'adversation : en grec ancien [12] leur morphologie est commune; d'autres langues, comme le français, utilisent pour l'adversation des morphèmes distincts (*alors que, tandis que / bien que*), considérant qu'elle est une relation symétrique [13], fondée sur des oppositions paradigmatiques [14] :

Lui se repose, alors que Marie travaille sans arrêt
⇒*Marie travaille sans arrêt, alors que lui se repose;*

mais il suffit que pointe l'idée que les deux propositions pouvaient s'exclure pour que naisse le sens concessif :

Il dépense sans compter, alors qu'il est couvert de dettes

(« on pouvait penser ceci : étant couvert de dettes, il ne dépense pas sans compter »).

Enfin le parcours des mondes contrefactuels explique le recours fréquent à des mots de quantification ou d'intensité (fr. *bien que*, afr. *combien que*, all^d *obwohl*...).

Sans être explicitement formulée, l'idée de l'image d'univers se reconnaît dans mainte analyse de la concession. Que peut être une « cause contrariée », une « cause inefficace », une « cause niée » si ce n'est une cause que l'on a pu envisager comme agissante mais qui n'a pas agi en fait ? Le commentaire métalinguistique de la relation concessive évoque fréquemment

| un fait qui | $\left\{\begin{array}{l}\text{devrait}\\\text{aurait dû}\\\text{pourrait}\\\text{aurait pu}\\\text{semblait devoir}\end{array}\right\}$ | $\left\{\begin{array}{l}\text{en empêcher un autre}\\\text{s'opposer à un autre}\\\text{avoir une conséquence différente}\\\text{entraîner l'effet contraire...}\end{array}\right\}$ |

Autant de formes qui, par l'auxiliaire de mode, par le conditionnel (présent ou passé), évoquent l'image d'univers [15].

On observe aussi que, dans la concession, le contrefactuel rejoint ce que l'on peut appeler l'« univers des attentes » : tout portait le locuteur à penser (ou du moins il feint qu'il en est ainsi) que *si p*, ~ *q*. Un commentaire volontiers utilisé consiste à dire : *normalement si p, alors* ~ *q*[16]; mais cette généralisation, justifiée dans un grand nombre d'exemples (la phrase banale *Il est sorti, bien qu'il pleuve* suggère qu'on a tendance à ne pas sortir par temps de pluie), serait abusivement étendue à tous les cas de concession. De la phrase *Il est parti malgré le retour de Sophie*, il serait absurde de tirer l'idée généralisante qu'on ne part pas quand quelqu'un revient ! En fait la généralisation est affaire de connaissance du monde. Mais il est certain qu'une pente naturelle y conduit et qu'elle opère chaque fois que c'est possible. En ce sens, l'énoncé concessif tend à imposer, par le biais des « attentes », toute une conception des choses, une idéologie si l'on veut (*On peut discuter avec lui, bien qu'il soit chomskyen; je m'entends avec Sophie malgré ses idées féministes*, etc.).

L'idée d'image permet de justifier aussi le caractère polémique qui s'attache souvent à la concession [17]. N'oublions pas que la concession est d'abord un procédé rhétorique qui consiste à «abandonner à son adversaire un point de discussion»[18] (la vérité de *p*): mais la vérité de la proposition concédée (*p*) ne change rien à la vérité de la proposition (*q*) que l'on veut faire admettre. Pour peu que la forme *si p, alors* $\sim q$ appartienne à l'univers de l'interlocuteur, et la concession deviendra polémique, de descriptive qu'elle est dans le cas ordinaire où elle suggère seulement ce que le locuteur lui-même a pu penser. Ainsi peut se comprendre un dialogue banal comme celui-ci :

- *Il ne partira pas, puisque Sophie revient ce soir.*
- *Je te dis qu'il partira malgré le retour de Sophie*[19].

De même que, dans la négation polémique, *p* appartient à l'univers d'un autre (ou est présumé tel), de même relève d'un autre univers la forme *si p, alors* $\sim q$ de la concession polémique. Ce n'est là qu'un cas particulier qui ne semble pas mettre en cause la description précédemment proposée. Celle-ci paraît donc fournir pour le type *q, bien que p* une représentation adéquate[20]. Mais qu'en est-il des autres formes de relation concessive?

II. Typologie des relations concessives

Le type *q, bien que p* représente la relation concessive la plus simple. On la retrouve, en français, sous des apparences diverses, parfois affectée de propriétés syntaxiques divergentes et aussi de subtiles nuances sémantiques. Par exemple on peut dire :

Sophie revient ce soir;
  néanmoins il ne partira pas
  pourtant il ne partira pas
  cependant il ne partira pas

et dans le même sens :

Il ne partira pas;
  pourtant Sophie revient ce soir
  cependant Sophie revient ce soir

mais non :

  * *néanmoins Sophie revient ce soir;*

néanmoins ne peut se trouver que dans le conséquent, alors que *pourtant* et *cependant* figurent indifféremment dans le conséquent ou dans l'antécédent[21]. Au reste, même dans le conséquent, ces adverbes ne sont pas toujours commutables. Dans l'exemple suivant, cité par Gettrup et Nølke[22], la préférence va à *cependant: Cette question plongea les jeunes filles dans l'embarras. L'une d'elles, cependant, releva le défi...* Il se peut que *cependant* ait de l'affinité, comme le suggère J. Jayez[23], avec la « réfutation dissociative » : (*toutes... / l'une d'elles*). Toutes ces nuances demanderaient un examen détaillé[24]. On s'en dispensera ici, la préoccupation étant seulement définitoire. Ce qui importe, c'est de montrer que le mécanisme précédemment décrit se retrouve dans tous les types sémantiques : concession « complexe », « indirecte » ou « restrictive ».

A. *La concessive complexe*

Les concessives « complexes » ont en commun de situer p dans les mondes possibles : il en est ainsi des concessives « extensionnelles », « scalaires » et « hypothétiques ». Cela revient à dire qu'une relation hypothétique est déclarée vérifiée dans le monde m_o de ce qui est.

1. *Concessives extensionnelles*[25]

La différence avec le type « simple » tient au parcours d'une classe de variables actancielles ou circonstancielles, par exemple la classe $\mathcal{L}$ ($l_1, l_2... l_i... l_n$) comportant tous les lieux possibles : *Où qu'il aille, il se trouve des amis.* Quelle que soit la valeur de l, *si p, q* est vrai dans m_o ; mais il existe au moins une valeur l_i telle que, dans quelque monde contrefactuel $\bar{m}$, se trouve vérifiée la relation *si p, ~ q*. Soit :

$$\left\{ \begin{array}{l} m_o: \forall l, \textit{si } p\ (l), q \\ \bar{m}: \exists l_i, \textit{si } p\ (l_i), \sim q \end{array} \right\}$$

L'ensemble $\mathcal{L}$ est tantôt préconstruit, tantôt construit.

- $\mathcal{L}$ est préconstruit. Type : *Où qu'il aille, il se trouve des amis.*
- $\mathcal{L}$ est construit
    - par énumération disjonctive. Type : *Qu'il aille à Londres, à Rome ou à Tokyo, il se trouve des amis.*
    - par disjonction exclusive. Type : *Qu'il y aille ou qu'il n'y aille pas, il se trouvera des appuis.*

L'ensemble parcouru peut être un ensemble d'objets (*Quoi qu'il emporte...*), d'actions (*Quoi qu'il fasse...*), d'instants (*A quelque moment qu'il revienne...*), de circonstances diverses (*De quelque manière qu'il s'y prenne, ...; Quelle qu'en soit la cause, la conséquence, la raison...*).

2. Concessives scalaires

La classe parcourue $\mathcal{P}$ est celle du prédicat pris à des intensités variables. Dans le cas d'intensité maximale (P maxi), il y avait tout lieu de penser que q serait faux. Il n'en est rien. On en conclut que $\mathcal{P}$ ne comporte aucun prédicat, à quelque degré qu'il soit, tel que si p est vrai, q soit faux. Si l'on préfère, pour toute proposition p telle que son prédicat appartient à $\mathcal{P}$, q est vrai. Ainsi dans cette phrase:
Si travailleur soit-il, il échouera

P maxi = «Il est extrêmement travailleur»

$$\left\{ \begin{array}{l} m_o: \forall\ P \in \mathcal{P}, si\ p\ (P), q \\ \bar{m}: \exists\ P, P = maxi, si\ p\ (P\ maxi), \sim q \end{array} \right\}$$

3. Concessives hypothétiques

La concessive hypothétique se définit par la vérité de q dans tous les mondes potentiels où p est vrai:

$$\left\{ \begin{array}{l} m_o: si\ p, q \\ \bar{m}: si\ p, \sim q \end{array} \right\}$$

Ainsi, en chinois[26], là où *suiran... keshi / danshi / buguo* introduisent un rapport concessif entre deux propositions qui relèvent de m_o (p et q sont simultanément vrais), *jishi... ye* situe ce même rapport dans les mondes potentiels m. Il s'y ajoute généralement, dans la concessive hypothétique, l'idée du parcours d'une classe d'hypothèses. Ainsi, en français, dans le tour *même si p, q*. Le mot *même* a le pouvoir de laisser entendre que le fait décrit par l'énoncé est, dans la classe dont il relève, celui qui était le moins probable. *Même Pierre est venu* fait comprendre que d'autres sont venus (classe des faits décrits par le prédicat *être venu*) et que la probabilité de la venue de Pierre était la plus faible[27]. Un tel contenu probabiliste ne peut relever que de l'image d'univers, car force est bien de constater que Pierre est venu, que la proposition qui l'affirme est une proposition vraie; $\sim p$ appartient à la plupart des mondes d'attente devenus contrefactuels. Devant la proposition hypothétique en *si (Pierre s'en ira, même si Sophie revient)*, *même* suggère que la relation ($si\ p_i, q$), quoique vérifiée, avait le moins de chance de l'être pour p_i, comparativement à une classe d'hypothèses $\mathcal{K}$ dont tous les éléments sont tels que, si $p \in \mathcal{K}$, alors q. Si q est vérifié dans le cas le moins favorable, alors on peut penser qu'il est vérifié quel que soit p[28].

Au reste, la relation *si, p, q* est vérifiée dans m si p et q sont vrais dans m_o. On comprend ainsi que *même si p, q* puisse s'appliquer là où p est vrai. O. Eriksson cite un grand nombre d'exemples: *La connaissance de ces rapports est éclairante, même si leur pertinence exacte demeure un mystère*[29]. *Même si* est alors quasi synonyme de *bien que*[30].

B. La concession indirecte

Aux yeux de O. Ducrot et J.C. Anscombre, un morphème comme *mais* représente idéalement l'inversion argumentative : « l'expression P *mais* Q présuppose que la proposition P peut servir d'argument pour une certaine conclusion r et que la proposition Q est un argument qui annule cette conclusion »[31]. Considérons cet énoncé :

Il travaille beaucoup, mais il est très bien payé.
             p   *q*

p pourrait donner à penser qu'il est exploité, qu'il est malheureux, qu'il n'a pas de chance (r); q inverse cette conclusion r en $\sim r$.

Une telle interprétation trouve immédiatement dans la sémantique des mondes possibles une commode justification. Dans l'image d'univers $p \Rightarrow r$ est vrai dans au moins un monde possible (peut-être même dans la plupart d'entre eux). Cela se traduit par : « on pouvait penser que, p étant vrai, r serait vrai » (peut-être l'ai-je pensé moi-même ; peu importe, l'attribution de l'image reste dans le non-dit). Mais dans mon univers actuel, il est vrai (monde m_o de ce qui est) que $p \wedge \sim r$.

Comme dans tous les autres types, l'opposition repose sur la différence de traitement dans l'image d'univers et dans l'univers lui-même. Mais la concession est indirecte en ce sens que la relation hypothétique sous-jacente n'est pas de p à $\sim q$, mais de p à $\sim r$, là où, dans m_o, q implique r. Jean Piaget[32] opposait la «discordance explicite» (*bien que*) à la «discordance implicite» (*mais*) : l'idée est la même.

C. La concession restrictive

La description unifiée qui précède ne couvre pas encore l'entier du champ de ce que la tradition grammaticale décrit au moyen du concept de «concession». Une conjonction comme *encore que* connaît des emplois qui visiblement y échappent. Ainsi dans la phrase suivante : *Il viendra — encore qu'il ne m'ait rien dit*. La proposition introduite par *encore que* est une mise en doute de ce qui a été précédemment asserté. Elle amène des réserves qui portent sur l'énonciation de la «principale». On observera qu'une telle «concessive» ne peut pas précéder la principale, qu'elle en est séparée par une pause plus ou moins marquée (et traduite dans la ponctuation par une virgule, un tiret, voire des parenthèses)³³. Les deux propositions *p* et *q* de la forme *q, encore que p* ont ainsi tout l'air de correspondre à deux assertions successives, dont la seconde met en cause le bien-fondé de la première. Plus qu'une concession, ce *encore que* (d'ailleurs commutable avec *bien que*, mais avec une fréquence moindre de *bien que* dans l'usage) semble introduire une assertion restrictive, et tout le problème va être de délimiter mieux le domaine de la restriction et celui de la concession.

1. Sémantique de la restriction

La restriction elle-même peut s'effectuer en un seul ou en deux temps. L'outil *ne... que*, grâce à l'orientation négative du discordantiel ni extremis inversée par *que*, est l'invention qui permet d'excepter en une assertion unique. *Il ne boit* ne forme pas une proposition, et dès lors *Il ne boit que de l'eau* apparaît comme une seule assertion.

Rien de tel dans *Il ne boit rien que de l'eau*. Cette fois l'exceptif a valeur de correctif. *Il ne boit rien* est bel et bien une proposition complète. Le locuteur pourrait fort bien s'en tenir à l'asserter. Mais son assertion serait fausse. Ou, plus exactement, plus ou moins fausse. Elle est vraie pour tout objet autre que l'eau; elle est fausse dès lors qu'on inclut l'eau dans l'ensemble des objets possibles du verbe *boire*. *Il ne boit rien* est vrai sauf pour *Il boit de l'eau*.

Bref, dans un premier temps, le locuteur considère comme vraie la proposition *Il ne boit rien*. Cette proposition appartient à son univers à l'instant t_i du temps. Mais, comme s'il se ravisait, à t_{i+k}, son univers se modifie et *q* se trouve corrigé par *p*: *Il ne boit rien, sauf de l'eau*. L'univers de croyance évolue, et c'est précisément ce qui autorise l'usage du *sauf*, qui n'est rien d'autre qu'une remise en cause de ce qui a été provisoirement donné pour vrai. Les tours exceptifs sont alors la prévision en langue des correctifs dont le locuteur peut souhaiter assortir son discours.

2. De la restriction à la concession corrective

Une forme particulièrement intéressante pour notre propos est celle de la «restriction hypothétique»: *q, sauf si p (Elle partira demain soir, sauf si Pierre revient)*. Dans un premier temps (U_i), se trouve assertée la proposition *q, Elle partira demain soir*. Dans un second temps (U_{i+k}), envisageant la possibilité de *p (Pierre revient)*, le locuteur admet *si p, alors ~ q*. Soit:

$$\left\{ \begin{array}{l} U_i \quad : q \\ U_{i+k} : \Diamond p \land (si\ p,\ \sim q) \end{array} \right\}$$

Comme dans la concession, se retrouve ici la forme *si p, ~ q*. Mais — différence essentielle — cette forme n'appartient pas à une image d'univers, mais à l'univers du locuteur saisi à un instant i + k, distinct de l'instant i. L'univers U_{i+k}, qui admet la possibilité de *p*, est du même coup une mise en cause de *q*, car cet univers admet aussi *si p, ~ q*.

Une interprétation voisine vaut pour *q, à moins que p*.

Une nuance paraît cependant distinguer *q, à moins que p* de *q, sauf si p* : *Il sortira, sauf s'il peut* implique *S'il pleut, il ne sortira pas*. *Il sortira, à moins qu'il pleuve* implique *S'il pleut, il est possible qu'il ne sorte pas*.

soit :

$$\left\{ \begin{array}{l} U_i \;\; : q \\ U_{i+k} : \Diamond\, p \,\wedge\, \Diamond\, (si\ p,\ \sim q) \end{array} \right\}$$

Ces mécanismes s'apparentent à ceux de *encore que*. La différence entre *q, encore que p* et *q, à moins que p* tient seulement à ceci que dans *q, encore que p*, *p* est déclaré vrai.

$$\left\{ \begin{array}{l} U_i \;\; : q \\ U_{i+k} : p \,\wedge\, \Diamond\, (si\ p,\ \sim q) \end{array} \right\}$$

Voilà qui rappelle la description proposée plus haut pour *q, bien que p*. A la fois *q* et *p* sont donnés pour vrais; de même est évoquée la possibilité de *si p, ~ q*. Mais dans *q bien que p*, *si p, ~ q*, relève d'une image d'univers, alors que dans *q, encore que p*[34], cette même forme appartient à U_{i+k}. Dès lors, la concession devient corrective[35].

En résumé, on dira qu'une relation *C* de la forme *q, Cp* est concessive si la proposition *p* est vraie dans m_o de U_i ou de U_{i+k} ou bien vraie pour toute variable qu'elle comporte, si *q* est vrai dans tous les mondes où *p* est vrai et si la relation *si p, ~ q* appartient soit aux mondes contrefactuels, soit à un monde possible dans un état ultérieur de l'univers de croyance.

NOTES

[1] Morel 1980, 33.
[2] *Syntax der neufranzösischen Sprache* 1843-1845, p. 177.
[3] «Ganz nahe verwandt mit dem hypothetischen Nebensatz ist der adverbiale Konzessivsatz, durch welchen ebenfalls ein Grund als solcher gesetzt wird, jedoch mit dem Unterschiede, dass dieser Grund zugleich in seiner Folge aufgehoben ist».
[4] *Grammaire comparée de la langue française*, 3ᵉ éd. 1882, p. 659 (1ʳᵉ éd. sous le titre de *Grammaire française* en 1851); Morel 1980, 36.
[5] F. Deloffre, *La phrase française*, 1967, p. 48; Wagner-Pinchon, p. 608, § 712 C; Darcueil 1980, 132.
[6] P. Gubérina, *Valeur logique et valeur stylistique des propositions complexes...*, 1933, p. 53.
[7] «Les conjonctions concessives introduisent souvent des causes, qu'on élimine en déclarant qu'elles n'empêchent rien» (Ph. Martinon, *Comment on parle en français*, 1927, p. 416).
[8] Morel 1980, 130. *Cf.* aussi Darcueil 1980, 133.
[9] Fradin 1977, 29.
[10] *Cf.* L'Hermitte 1983, 131.
[11] *Cf.* Taillardat 1983, 13.
[12] *Ibid.*, 15.
[13] *Cf.* Gettrup - Nølke 1984, 6. Cependant toutes les relations adversatives ne sont pas symétriques: *Au lieu de travailler, elle se repose* ≠ *Au lieu de se reposer, elle travaille*.
[14] *Ibid.*, 5.
[15] Voir les nombreuses citations de grammairiens données par M.A. Morel (Morel 1980, 102-104). *Cf.* aussi Darcueil 1980, 130.
[16] Par exemple Morel 1980, 126; Darcueil 1980, 132 et 135-137.
[17] Voir par exemple Fradin 1977, VII et 46. D'où la décision dans cet ouvrage de traiter la concession en termes d'acte de langage.
[18] Robert, s.v. *concession*.
[19] Ou bien: *Je te dis qu'il partira quand même*, où *quand même* est une forme concessive anaphorique renvoyant à «retour de Sophie».
[20] La relation implicative devenue contrefactuelle peut mettre en cause non pas le dit mais le dire (la pertinence du dire, le droit de dire...), comme dans cet exemple cité par M.-A. Morel (1983, 45): *Les singes sont les animaux les plus proches de l'homme — bien que les hommes n'aiment guère leur être comparés*.
A la limite cette mise en cause peut être de nature purement métalinguistique et corriger un terme de la principale; ainsi dans cet exemple (également cité par Morel 1980, 149): *On essaie de donner à ces bambins des valeurs — comme vous dites — alors — bien que le mot soit prétentieux — on se heurte aussi à autre chose* (Télév. 30.5.73).
[21] *Cf.* Rousseau, 1983, 76, qui utilise la notion de «particule d'apodose».
[22] 1984, 19.
[23] Thèse inédite citée par Gettrup - Nølke 1984.
[24] Pour une bonne synthèse, voir Gettrup - Nølke 1984.
[25] L'étiquette est de B. Fradin (1977, 6, 7...); P. Veyrenc (1983, 141) et M. Launey (1983, 146) utilisent le terme d'*actanciel*.
[26] *Cf.* Paris - Tamba-Mecz 1983, 166.
[27] Et conséquemment que ce fait est le plus significatif et que sa valeur argumentative est la plus forte.

[28] Logique «naturelle» évidemment éloignée de la logique probabiliste du mathématicien. La vérité dans le cas le moins favorable ne permet pas l'extension à l'ensemble des cas possibles.

[29] 1985, 72. Il est bien connu que dans «*si p*», *p* peut également s'appliquer à un fait réel (*S'il est intelligent, il n'en est pas moins méchant*).

[30] Dans l'article de *Mod. ling.* 1982, IV, on a ajouté la concession négative (type *Il est sorti sans qu'on le lui ait demandé*); en fait l'idée concessive naît à la faveur de l'idée de successivité (*on ne le lui a pas demandé; il est sorti: Cf. Il est sorti sans qu'on s'en aperçoive*, où la successivité inverse ne conduit aucunement à la concession). *Sans que* marque seulement l'adversation négative; la concession vient du contexte.

[31] Ducrot et al. 1980, 97.

[32] Cité par Delechelle 1983, 117. *Mais* n'est pas toujours concessif indirect. Il se peut aussi que *r* ne soit autre que *q*:
   Il travaille beaucoup, mais il est fort mal payé.
p pouvait donner à penser que ~ *q* (qu'il n'est pas aussi mal payé qu'il l'est, c'est-à-dire qu'il est bien payé). Mais en fait *q* est vrai. Transposé en termes de mondes possibles, cela s'exprime ainsi: dans l'image d'univers, $p \Rightarrow\ \sim q$ est vrai. Implication contrefactuelle dans U, où *p* est vrai et où *q* l'est aussi.

[33] La rupture peut être si forte que l'impression peut naître que la conjonction est devenue adverbe (*cf.* Stavinohova 1980, 59). A quoi il faut ajouter que dans ce type l'indicatif remplace fréquemment le subjonctif. Sur le problème du mode qu'on ne traite pas ici, *cf.* Morel 1980, chap. VII, 274-315 et aussi *LS* chap. III.

[34] *Bien que* et *encore que* sont pris ici comme des types. Il faut répéter que dans les deux emplois se rencontrent des exemples de l'un et de l'autre, mais avec des fréquences fort inégales. Le fonctionnement du type *encore que* est très bien décrit dans Morel 1980, 136-148.

[35] *Cf.* pour les usages rectificatifs de l'all[d] *obwohl*, *cf.* Metrich 1983, 94.

Chapitre VII
La phrase exclamative et les univers de croyance

Comme la phrase interrogative ou injonctive, la phrase exclamative fait difficulté pour qui veut l'aborder en termes de vérité. C'est pourtant le chemin que nous nous proposons d'emprunter, comptant à nouveau sur le bénéfice que peuvent procurer la notion d'univers de croyance et celles, corrélatives, de monde possible et d'image d'univers. La phrase exclamative n'est assurément pas étrangère aux valeurs de vérité. En disant *Qu'elle est belle!*, je laisse entendre qu'elle est effectivement belle et mon énonciation est mensongère, à moins qu'elle ne soit ironique, s'il n'en est pas ainsi. Mais on sent bien qu'il y a quelque chose de plus dans la phrase exclamative[1].

Selon une hypothèse parfois formulée[2], elle marquerait le «haut degré», le «degré extrême»: «elle est extrêmement belle, belle au-delà de ce que je puis dire». Cette interprétation se heurte au moins à deux objections:

a) Toutes les phrases exclamatives ne sont pas liées à la gradation. Supposons que je ne m'attende pas à la présence de Pierre. Je puis m'exclamer: *Mais il est là!* ou bien *Toi, ici!* Aucune mention de degré dans un tel énoncé: en dehors du figuré, on n'est pas plus ou moins présent; l'idée de présence ou d'absence n'est pas compatible avec la gradation.

b) L'exclamation d'intensité n'a pas toujours le comportement, notamment argumentatif, de l'assertive par laquelle on prétend la gloser.

Ainsi pour l'exclamative en *que* :
- $\Big\{$ *Avouez que si elle est belle, elle ne manquera pas de le séduire. Or, elle est très belle, au delà de ce que je puis dire. Concluez vous-même.*
  **Or qu'elle est belle ! Concluez vous-même.*
- - *Pourquoi l'épouserait-il ?*
  $\Big\{$ - *Elle est très belle.*
  \- **Qu'elle est belle !*
- - *Il n'a aucune raison de se laisser séduire.*
  $\Big\{$ - *Elle est très belle.*
  \- **Qu'elle est belle !*

La phrase exclamative en *qu'est-ce que*[3] ne semble pouvoir faire office d'argument que si un autre argument, coorienté ou non, la précède, de telle sorte que sa nature argumentative est d'avance assurée :
- *Il l'épousera. Il y a plusieurs raisons à cela. Elle est très belle et qu'est-ce qu'elle est riche !* (et non : **Qu'est-ce qu'elle est belle et elle est très riche*).
- *Elle n'est pas très belle, mais qu'est-ce qu'elle est riche !*

L'adverbe *pourtant* semble aussi conférer à ce qui suit le statut d'argument :
- *Il ne l'épousera pas.*
- *Pourtant, qu'est-ce qu'elle est belle !*

Force est donc d'admettre que ce qui sépare sémantiquement la phrase exclamative de l'assertive ne se réduit pas à des différences de degré. Une autre hypothèse consiste à mettre le je ne sais quoi de l'exclamative au compte de l'affectivité ou, si l'on préfère, de l'expressivité. Avec A. Culioli, on s'étonnera de cette «miraculeuse séparation de l'affectif et du cognitif» (1974, 6). Inutile d'ajouter que des notions comme celles d'affectivité ou d'expressivité ont un contenu si vague qu'elles découragent d'avance toute tentative de définition. Au reste, même si elles étaient rigoureusement définies, elles n'y suffiraient pas, car la phrase exclamative n'est qu'un phénomène parmi d'autres qui tomberaient dans leur champ[4].

Nous essaierons ici de nous en tenir à la notion de vérité, mais relativisée aux univers de croyance et aux mondes possibles. Un essai de typologie conduira à distinguer deux types fondamentaux de phrases exclamatives que l'on analysera ensuite plus précisément. On tentera ainsi de montrer que ces deux types s'opposent par leur mode d'assertion mais qu'ils ont en commun, d'une part, l'idée d'évidence dans l'univers actuel du locuteur et d'autre part, celle d'une tension contradictoire entre ce qui est asserté et ce qui est admis dans quelque image d'univers.

I. Essai de typologie

A. *Proximité de l'exclamation et de l'interrogation*

Premier fait notable, mainte fois observé: si l'exclamative partage avec l'assertive la propriété d'être donnée pour vraie, elle ne s'en rapproche pas moins à plus d'un titre de la phrase interrogative. Rien d'étonnant quand il s'agit de questions rhétoriques, les plus proches du modèle assertif:

- question confirmative (celle qui appelle une simple confirmation)
  Ainsi, vous êtes le fils de Monsieur le Marquis?!!
- ou question inversive (celle qui oriente la réponse dans le sens inverse du signe de la question)
  Mais, enfin, n'est-il pas son mari?!!
  Mais enfin, a-t-il la moindre idée de ce qu'il faut faire?!!

Mais, il y a beaucoup plus. Dans nombre de langues la morphologie dénonce une proximité qui semble bien constitutive. Les mêmes morphèmes servent à l'interrogation et à l'exclamation: lat. *qualis, quantus, quam multi (Quantum terroris injecit!)*; fr. *quel (Quel film bouleversant!)*, *combien (Combien de films ont été censurés par ce régime tyrannique!)*, *qu'est-ce que (Qu'est-ce qu'elle est belle!)*; all[d] *wie (Wie der alt geworden ist!)*, *wieviel (Wieviel Menschen sind dabei umgekommen!)*, *was (Was er doch nicht alles will!)*, etc.

Fréquemment, moyennant la modification du schème intonatif et parfois au prix de quelques accommodements morphologiques, la phrase interrogative elle-même prend valeur d'exclamation:
Est-il travailleur? Est-il travailleur!
Ist er tüchtig? Ist der (aber) tüchtig!

Une phrase comme celle-ci: *Je vous dirai quel beau spectacle j'ai vu*[5] est une phrase ambiguë, susceptible d'être interprétée interrogativement («lequel?») ou exclamativement («je vous dirai à quel point le spectacle a été beau»).

La proximité de l'exclamation et de l'interrogation peut conduire à proposer des critères typologiques comparables. Au regard de la construction, en effet, l'exclamative est, comme l'interrogative, ou directe ou indirecte:

Est-il intelligent? Est-il intelligent!
Je vous demande s'il est intelligent. Je vous demande s'il est intelligent!

L'exclamative indirecte a parfois été méconnue[6]. Pourtant le fr. possède au moins une forme spécifique, distincte de l'interrogative indirecte. C'est la forme en *comme: Voyez comme il s'exprime bien!* L'allemand rejette le verbe à la fin, ce qui impose d'envisager quelque procédure d'effacement ou au moins le rapprochement avec la subordination: *Wie der alt geworden ist!, Wie der Wind heute weht!* Comme l'interrogative, l'exclamative peut être aussi ou totale ou partielle. Totale, elle met en cause une proposition (*Elle est belle!; Est-elle belle!*); partielle, une variable (*Combien de films ont été censurés!*). Ce critère est fréquemment retenu pour le classement des exclamatives[7].

N.B. Tout comme l'interrogative, l'exclamative peut être focalisée. Le schéma intonatif de l'exclamative se caractérise[8] par une forte montée de l'intonation sur l'élément qu'elle focalise:

Mais il a acheté un appartement! (avec accent sur *appartement*: par opposition à *une maison*; avec accent sur *acheté*: par opposition à *loué*).

Qu'est-ce qu'il danse bien la valse! (avec accent sur *valse*: c'est la valse qu'il danse bien; avec accent sur *bien*: « il danse la valse; qu'est-ce qu'il la danse bien!»)

en particulier dans la phrase clivée:

Mais c'est un appartement qu'il a acheté!

B. Limites du parallèle avec l'interrogation

La bipartition des exclamatives en exclamatives totales et exclamatives partielles ne doit pas cependant faire illusion. Elle ne saurait fonder une véritable typologie.

1. L'exclamative partielle peut tout au plus être rapprochée d'une sous-classe d'interrogatives partielles. Alors que celles-ci portent tantôt sur le syntagme nominal dans son entier (*Qui a été désigné?*), tantôt sur le seul déterminant (*Quel juge a été désigné?*), l'exclamative partielle s'apparente exclusivement au second type: elle signifie un écart quantitatif en nombre (*Combien de films ont été censurés!*) ou en intensité (*Combien de courage a-t-il fallu!; Quelle belle réussite!*).

C'est dire que l'opposition «total/partiel» n'a pas la même pertinence que dans l'interrogative, d'autant plus que les cas d'hésitation sont nombreux: l'exclamation *Qu'elle est charmante!* est-elle totale (portant sur la proposition) ou partielle (portant sur l'adjectif)?

2. Il s'y ajoute que la morphologie de l'exclamation est loin de correspondre toujours à des formes interrogatives.
- Non «graduelle», elle est généralement de forme assertive, munie d'une intonation spécifique (*Mais elle est là!*; *Elle est belle!*);
- «Graduelle», elle partage aussi ses formes
  • avec les conjonctions et les relatifs (*Qu'elle est belle!*; *Ce qu'elle est belle!*);
  • avec les tours consécutifs (*Elle est si belle!*; *Elle est tellement belle!*);
  • avec les comparatifs (*Comme elle est belle!*);
  • il s'y ajoute des formes d'indéfinition et diverses procédures d'effacement (*Elle a un chapeau!*; *Le chapeau!*; *Ce chapeau!*).

C. Vers une typologie

L'opposition «graduel»/«non graduel» semble beaucoup plus fondée que la distinction précaire de l'exclamative partielle et de l'exclamative totale.

En français, comme on vient de le voir, la morphologie justifie pleinement cette distinction :
- l'exclamative «non graduelle» est de forme assertive (*Mais elle est là!*), les seules formes d'interrogation envisageables sont l'interrogation rhétorique, variante d'assertion (*Mais enfin, n'était-il pas présent quand la décision a été prise!*; *Qui ne l'accepterait!*; *Comment est-ce possible!...*)[9], et l'interrogation indirecte en *si* (*Si elle est là!*);
- l'exclamative «graduelle» est de forme interrogative (*Est-elle charmante!*; *Si elle est charmante!*); à moins qu'elle ne résulte de divers mécanismes de pseudo-subordination (*Qu'elle est charmante!*; *Qu'est-ce qu'elle est charmante!*; *Ce qu'elle est charmante!*), ou bien de comparaison (*Comme elle est charmante!*), de consécution (*Elle est si charmante!*), ou d'indéfinition (*Elle a un charme!*).

Une phrase qui ne se prête pas à la gradation (*Elle est là!*) ne peut s'utiliser sous aucune de ces formes (**Comme elle est là!*; **Qu'elle est là!*; **Qu'est-ce qu'elle est là!*; **Ce qu'elle est là!*; **Elle est tellement là!*; **Comme elle est là!*).

Le problème est évidemment de découvrir l'unité de tout cela, la cohérence sémantique sous la diversité des moyens superficiels. Apparentée à certains égards à l'hypothèse générativiste du «complémentiseur»[10], l'approche véri-conditionnelle que nous proposons fait une large place à la notion d'image d'univers. On examinera successivement l'exclamative «non graduelle», puis l'exclamative «graduelle».

II. Sémantique de l'exclamative «non graduelle»

La phrase exclamative — toute phrase exclamative — prend appui sur l'évidence: p est asserté avec force dans m_o. Mais en même temps est suggérée la fausseté de p dans quelque monde contrefactuel: cette fausseté relève d'une image d'univers, contradictoire avec mon univers actuel.

La forme assertive (ou l'interrogation rhétorique) est la marque du vrai dans m_o. L'intonation conforte cette valeur de contraste avec le faux dans l'image d'univers. L'interrogative indirecte en *si* marque explicitement la fausseté possible, mais sans être un acte interrogatif. La force exclamative naît de la tension contradictoire ainsi créée entre ce qui est et ce qu'on pouvait penser qui serait.

A. *L'évidence*

1. L'évidence peut être celle du constat (*Il est là!, je le vois*). Elle peut être celle d'une conclusion qui découle irréfutablement de tout ce qui précède. Dans *Ici et maintenant*[11], au moment où F. Mitterrand explique que ni les Américains ni les Russes ne tiennent à l'union de la Gauche, le journaliste qui l'interroge s'exclame:

- *Mais si personne ne veut de cette union, vous poursuivez une chimère!* (M, 52).

Aux yeux du locuteur, la conclusion s'impose avec la force de l'évidence. Le tour exclamatif est souvent préféré quand le locuteur estime avancer l'argument rédhibitoire, celui qui «cloue le bec»: *Si la cohabitation est acceptée, c'est, quels que soient les arguments et les prétextes utilisés, le retour aux jeux, aux délices et aux poisons de la IVe République! Et la nouvelle majorité sera, et je le dis ce soir, rapidement impuissante et rapidement discréditée!* (B, 152).

Dans le dialogue, l'évidence peut venir de présuppositions dénoncées comme inexactes:

- *Je serais curieux de savoir, par exemple, pourquoi vous ne vous êtes pas retrouvé davantage avec la CFDT, dans les luttes de ces dernières années.*
- *Mais on s'est retrouvés, très souvent!* (M, 121)

ou bien de quelque contradiction que le locuteur parvient à débusquer:

Je ne plaide pas contre le renouvellement du mandat électif: je plaiderais contre moi-même! (M, 181).

2. Tantôt c'est l'affirmation qui s'impose, tantôt une question, incontestablement légitime : (*c'est*) *à se demander si...!*. L'évidence de la prédication exclamative se prête aussi avec une particulière facilité à l'inversion ironique :
- *Pour être candidat à la présidence de la République il faut avoir un certain âge...*
- *Ah? Lequel? Vous avez des idées précises!* (M, 5).

J'entends des ingénieurs me déclarer imperturbablement que les Américains sont incapables de construire un avion supersonique. Les pauvres, ils ne sont foutus que d'aller sur la Lune! (C, 55).

3. L'idée d'évidence joue un rôle déterminant dans le type en *si* (*Si Pierre est là!, Ob er da ist!*) : attribuée à quelque autre, la mise en doute interrogative est injustifiée, car elle se heurte à l'évidence des faits.

Certes, une telle forme ne permet pas à un tiers qui ignorerait tout de la situation de savoir si effectivement Pierre est là ou non. Cela vient de la conjonction *si*, dont on a vu[12] qu'elle laissait la valeur de vérité inexplicitée. Mais le locuteur donne la réponse pour évidente. Il en est de même dans le type : *Vous pensez s'il y est allé!* Une connivence s'établit avec l'interlocuteur, car la réponse ne fait aucun doute. Dès lors, forme positive et forme négative alternent librement : *Pensez si c'est pas joli, tout ça!*[13] De toute façon, le signe échappe à l'hésitation.

B. Exclamation « non graduelle » et image d'univers

Pour être évidente, l'assertion exclamative n'en crée pas moins une tension contradictoire. *Il est là!* Je le vois là devant moi. Mais qui l'eût cru? Tout donnait à penser qu'il ne serait pas là. Ainsi, la phrase exclamative évoque dans quelque image d'univers des mondes où, contradictoirement, *p* est faux. Annihilés par le réel, ces mondes sont devenus des mondes contrefactuels. Ils correspondent à un état de mon univers de croyance qui n'est pas l'état actuel.

La tension contradictoire reconnaissable sous toute phrase exclamative peut prendre des formes très diverses.

1. Comme on vient de le voir, *p* peut s'opposer à ce qui aurait pu être. L'image d'univers que l'exclamation véhicule correspond alors à des mondes d'attente. Si je rappelle que le Président Nixon a démissionné, rien ne m'invite à user de l'exclamation. Le fait est bien connu. Mais qu'on annonce la démission du Président Reagan, et le tour

exclamatif s'imposera de lui-même. Comment aurait-on prévu une telle issue! Au moment où le locuteur assure p, les faits évoqués peuvent continuer à paraître invraisemblables, incompréhensibles, voire consternants:

> *Je ne comprends pas. La CFDT avait plus intérêt que quiconque à bloquer «ces petites listes»!* (M, 122).

Un cas particulièrement significatif est celui de l'exclamation qu'on pourrait appeler «contradictoire», en dehors de tout effet d'ironie. Supposons que je voie Pierre que je croyais à mille lieues d'ici. Je puis m'exclamer familièrement: *Ce n'est pas possible!* ou *Ce n'est pas vrai!* L'attente, que la situation donne pour contrefactuelle, se prolonge fictivement jusque dans le monde actuel. Naturellement, les attentes peuvent se confondre avec ce qu'on espérait ou, au contraire, ce qu'on craignait:

> *Ces conclusions firent l'effet d'une bombe, et les statisticiens français s'empressèrent de revoir les chiffres. Dieu merci, ils étaient erronés!* (C, 71).

Que l'on compare l'interrogation confirmative (*Ainsi, vous êtes le fils de Monsieur de Marquis?*) et l'exclamative correspondante (*Ainsi, vous êtes le fils de Monsieur le Marquis!*): dans la première, la fausseté est envisagée dans quelque monde possible devenu contrefactuel. Dans la seconde, la fausseté, elle aussi contrefactuelle, traverse les mondes d'attente.

2. p peut s'opposer aussi à ce que l'interlocuteur (ou quelque tiers, déterminé ou non) dit être:

- *Pierre ne viendra pas.*
- *Mais, il est là!*

A la limite, l'exclamation marque le désaccord, la protestation contre l'inacceptable: *Ah, non!*

Il se peut aussi que l'on suppose seulement que $\sim p$ peut être envisagé par autrui. Un simple jugement de valeur appelle fréquemment la forme exclamative parce qu'on sait bien qu'un tel jugement ne va pas sans subjectivité et qu'ainsi il risque fort d'être remis en cause: *Me miserum!*[14]; *Malheureux que je suis!*; *Heureux homme!*; *Singulière réponse!*

L'exclamation peut consister aussi dans la reprise d'un fragment de discours direct, jugé particulièrement contestable, étonnant ou scandaleux:

« *Je viendrai avec ma secrétaire* », annonce-t-il *(Sa secrétaire! Sa maîtresse, oui!)*
Il projetait de venir avec « sa secrétaire » (Sa secrétaire! Sa maîtresse, oui!).

3. *p* peut enfin s'opposer à ce qui devrait être, à ce qu'on devrait faire ou ce qu'on aurait dû faire.

Voyez ce que coûte l'Aérospatiale à la France, voyez ce que coûte Concorde...! Quel gâchis! (C, 47).

La vérité énoncée peut ainsi condamner l'action d'autrui:

Quelle tristesse pour tous ceux qui, par fidélité au socialisme, avaient cru pouvoir faire confiance aux hommes qui ont accédé au pouvoir! Rien n'est plus grave que l'amertume née des espérances évanouies! (B, 142).

On voit la diversité des situations possibles. Elles ont toutes en commun d'imposer une assertion avec la force de l'évidence, quoi qu'on ait pu prévoir, quoi qu'on ait pu dire, quoi qu'on puisse souhaiter. Par la tension contradictoire qu'elle porte en elle, l'exclamative se rapproche du mécanisme sémantique de la négation. On comprend aussi que les formes sémantiquement liées au contrefactuel se prêtent à l'exclamation avec une particulière aisance:

Il est déjà là!
Même Pierre est venu!
S'il avait réussi! Dommage que tu ne sois pas avec nous!

Le subjonctif de protestation — celui qui sert à repousser quelque hypothèse avec une véhémente indignation — relève de la même logique:

Moi, héron, que je fasse une si pauvre chère!
Ego tibi irascar! Moi, je me fâcherais contre toi!
Ego tibi irascerer! Moi, je me serais fâché contre toi!

ou encore l'infinitif d'exclamation (en lat. souvent avec *-ne*).

Mene incepto desistere! Moi renoncer à mon projet![15].

III. Sémantique de l'exclamation « graduelle »

A. *L'évidence*

Comme l'exclamation « non graduelle », l'exclamation « graduelle » est appelée par l'évidence. *Que Marie est belle!* La réalité me force en quelque sorte à dire ce que je dis. C'est en cela que l'exclamation se rapproche de l'interjection. Le *Aïe!* que provoque mon arracheur de dents, je ne le contrôle pas. La douleur me le fait crier, en dehors de toute prédication raisonnée. *Hélas!* marque un regret qui pour ainsi dire me contraint à l'exclamer, sans que d'aucune façon s'interpose la pensée. Certes, les formes exclamatives ne suggèrent rien d'irrationnel, et cela les éloigne de l'interjection. Mais, comme dans l'interjection, le réel impose le dire. Ce que je dis me paraît si évidemment vrai que spontanément je m'en porte garant. Un mot comme *donc* marque peut-être ce rapport de l'évidence à l'inévitable de l'énonciation : *Qu'elle est donc belle!*

Rien apparemment qui éloigne de l'exclamation «non graduelle». Mais il suffit d'analyser le mécanisme en cause pour voir apparaître d'importantes différences. C'est la notion de monde possible qui semble la plus appropriée pour en rendre compte. Qu'y a-t-il de commun en effet à tous les moyens morphologiques précédemment inventoriés ? Il semble que ce soit l'idée d'un parcours de possibles, parcours qui conduit à la conclusion que *p* est vérifié jusque dans les cas extrêmes, ceux d'intensité maximale (*Qu'elle est belle!*) ou de plus grande déviance (*Le chapeau!*). L'idée de gradation — ou de déviance dans la qualité — apparaît comme indissociablement liée à ce type exclamatif. Dès lors qu'elle est exclue, ces formes exclamatives deviennent irrecevables :

* *((Qu'est-)ce) que ce triangle est isocèle!*
* *Ce triangle est-il isocèle!*
* *Comme ce triangle est isocèle!*[16].
Sa piscine est longue de plusieurs dizaines de mètres.
Est-elle longue?
((Qu'est-)ce) qu'elle est longue!
* *Est-elle longue de plusieurs dizaines de mètres!*
* *((Qu'est-)ce) qu'elle est longue de plusieurs dizaines de mètres!*
Sa piscine est plus longue que celle d'Onassis.
Est-elle longue!
((Qu'est-)ce) qu'elle est longue!
* *Est-elle plus longue que celle d'Onassis!*
* *((Qu'est-)ce) qu'elle est plus longue que celle d'Onassis!*[17].

Le mécanisme du parcours des possibles est lié à toutes les formes de l'exclamative «graduelle».

- Les formes interrogatives suggèrent la fausseté dans au moins un monde possible[18] : elles créent ainsi un parcours de possibles pour toutes les valeurs d'intensité du prédicat; l'intonation exclamative est de nature à faire admettre que *p* est vrai dans tous les cas, y compris ceux d'intensité maximale [19]. Ce mécanisme est illustré avec une particulière netteté par une forme du turc [20]: *Güzel mi güzel!*, litt. «Est-ce beau, c'est beau», c'est-à-dire «C'est très beau»; le rétablissement de la vérité après la mise en débat interrogative n'en est que plus concluant.

- Les formes d'enchâssement suspendent la valeur de vérité [21]: d'où, comme précédemment, un parcours de possibles où la prédication varie en intensité; *que* signifie que cette valeur est restituable, contextuellement, dans au moins un univers de croyance: en l'occurrence le prédicat apparaît comme vérifié, même quand il est d'intensité maximale (*Qu'elle est charmante!*). Le tour *Qu'est-ce qu'elle est charmante!* s'explique de façon analogue; on peut le gloser ainsi: «Que cela est, à savoir que *p*»; le premier *que* est suspensif: il provoque le parcours des possibles; le second est appositif («à savoir que») ou relatif (*Qu'est-ce qu'il a écrit comme bouquins!*). Dans *Ce qu'elle est charmante!*, on peut considérer que *ce* vient de la réduction d'un «que cela est». L'idée d'intensité porte sur *ce*. A preuve un exemple comme celui-ci: *Ce qu'avec trois mots je la ferais taire!* (Colette, *Le Blé en Herbe*, 106, cité par Henry, 1977, 127) où la phrase enchâssée n'est pas en elle-même intensifiable. Le second *que* (celui qui demeure en surface) est soit conjonctif (*Ce qu'elle est charmante!*), soit relatif (*Ce qu'il écrit comme bouquins!*) [22].

- Les formes consécutives, sans conséquence spécifiée, imposent un parcours sur l'infinité des possibles: quelle que soit la conséquence, le prédicat est vérifié; d'où l'idée d'intensité; l'interprétation est la même pour les formes tautologiques du type *Pour ce qui est de travailler, il travaille!*: dans le champ des possibles délimité par le circonstanciel, le prédicat est vrai, vrai dans tous les cas, même d'intensité maximale.

- Les formes comparatives sans comparant spécifié (*Comme elle est belle!*) relèvent de mécanismes apparentés. Elles peuvent s'expliquer par l'«auto-repérage» [23]: *(Elle est belle) comme elle est belle* → *Comme elle est belle!* Dire qu'elle est belle comme *x* (comme un astre, comme Vénus, comme tout «comme tout ce qui est beau, y compris ce qu'il y a de plus beau»), c'est présupposer que *x* est beau de façon exemplaire. Dans ce parcours des possibles, l'extraction circulaire conduit ainsi à la conclusion qu'elle est exemplairement belle.

- De même les formes indéfinies suggèrent un ensemble de compléments possibles: *Elle a un courage!*: un courage d'héroïne, de sainte, de lionne... Tous les compléments vérifient ce qui est dit. L'énoncé est vrai quel que soit le cas que l'on extraie sur l'ensemble des possibles. Dans *Elle a un de ces courages!*[24] ou *Elle en a du courage!*, *de* et *en* sont les marqueurs de l'extraction. *Elle a un chapeau!* Un chapeau magnifique, original, ridicule... Même dans l'hypothèse la plus déviante, le prédicat est vérifié[25].

Une objection possible à l'analyse présentée peut venir des formes définies: *Le chapeau! Ce chapeau!* Impossible de dire *Un chapeau!*[26]. Mais ces formes résultent d'un parcours déjà opéré; elles le présupposent. Le mécanisme se conçoit aisément: *Elle a un chapeau!* → *Le chapeau qu'elle a!* → *Le chapeau!* ou *Ce chapeau!*[27].

B. Exclamative «graduelle» et négation

Le parcours des possibles conduit aussi à un comportement singulier au regard de la négation. Dans l'exclamation «graduelle», la négation peut être «explétive»:

Combien d'hommes ont péri dans cette catastrophe! ⇔ *Combien d'hommes n'ont-ils pas péri dans cette catastrophe!*
Was man alles in den Kauf nehmen muß! ⇔ *Was man nicht alles in den Kauf nehmen muß!*
Ce qu'il a écrit comme bouquins! ⇔ *Ce qu'il n'a pas écrit comme bouquins!*

Ce qui est troublant, c'est que cette alternance n'est pas toujours admise: *(Ce) qu'elle est belle!* ne peut se transformer en *(Ce) qu'elle n'est pas belle!* ni *Ce qu'elle m'agace!* en *Ce qu'elle ne m'agace pas!* Il y faut une quantification pour rendre la négation acceptable: *(Tout) ce qu'il n'a pas écrit comme bouquins!*

Ces faits peuvent s'expliquer ainsi: le parcours des possibles — qui fait envisager fictivement la fausseté dans un monde au moins — équivaut à un quantificateur placé dans le champ de la négation: «Il n'existe pas de monde où la prédication n'est pas vérifiée, quelle qu'en soit l'intensité ou le degré de déviance». Pour peu qu'apparaisse dans la phrase un élément de quantification [QUANTIF], et cette négation pourra implicitement s'y attacher, entraînant, pour rétablir le positif, la négation du prédicat.

Que d'hommes ont péri dans cette catastrophe! Cette phrase suppose un parcours sur l'ensemble m des mondes où il est vrai que *p*: *Des hommes ont péri dans cette catastrophe.* Ainsi pour

$$\left\{\begin{array}{l}\text{Quelques hommes ont péri dans cette catastrophe.}\\ \text{...}\\ \text{La plupart des hommes (touchés par cette catastrophe) y ont péri.}\\ \text{...}\\ \text{Tous les hommes (touchés par cette catastrophe) y ont péri.}\end{array}\right\}$$

Ce parcours mène à la conclusion qu'il n'existe pas de monde $m_i \in \{m\}$, tel que, dans m_i, p serait faux:

$$\sim \exists\, m_i, \text{ dans } m_i, \sim [\text{QUANTIF}_x, P_x]$$
$$\text{D'où}: (\sim \text{QUANTIF}_x) \sim P_x.$$

On obtient ainsi: *Que d'hommes n'ont-ils pas péri dans cette catastrophe!*

La quantification peut être celle d'objets (comme dans l'exemple cité); elle peut être aussi une quantification de possibles *(Ce qu'elle ne peut pas m'agacer!; Ce qu'il ne faut pas entendre!)*, voire d'intervalles *(Ce qu'elle ne m'agace pas des fois!)*.

> *N.B.* A. Culioli (1974, 14) accepte *Qu'est-ce qu'il n'est pas bête!* au sens de «Qu'est-ce qu'il est bête!» Peut-être une telle forme, si elle existe, se justifie-t-elle par le fait que, en dehors de *p* lui-même *(il est bête)*, *qu'est-ce que* apparaît comme une sorte d'intensificateur qui apporte l'idée indispensable de quantification.

C. *Exclamative «graduelle» et images d'univers*

Le parcours des possibles imposant l'idée que la prédication est vérifiée quelle qu'en soit l'intensité *(Quel courage!)* ou quel que soit l'écart par rapport à une norme *(Quel chapeau!)*, l'évidence est assertée avec force: du même coup apparaît l'idée, comme dans l'exclamative «non graduelle», qu'il aurait pu se faire que, dans quelque monde possible, la prédication ne fût pas vérifiée. Ce monde, devenu contrefactuel, relève d'une image d'univers. La tension ainsi créée est bien illustrée par des tours comme ceux-ci:

> *C'est incroyable, étonnant, stupéfiant... ce qu'elle est belle!*
> *Ce que ce type-là est généreux, c'est incroyable.*

ou encore:

> *Tu ne peux pas te faire une idée de ce qu'il est gentil!*
> *Ce qu'il est bête, tu ne peux pas te l'imaginer!*[28]

mais non:

> ** C'est évident, vrai, agréable... ce qu'elle est belle!*

On comprend aussi que la tension dont l'exclamative est le lieu ne permette pas de l'assimiler argumentativement à la phrase qui marque le haut degré.

Tableau-résumé

EXCLAMATIVES «NON GRADUELLES»		EXCLAMATIVES «GRADUELLES»	
U, m_o	p est évidemment vrai (forme assertive, interrogative rhétorique ou interrogative indirecte en *si*)	U, m	p est vrai jusque dans les cas extrêmes, quel que soit le degré d'intensité ou de déviance (formes diverses marquant un parcours de possibles)
U' / $\bar{m}$ (image d'univers)	p est faux dans quelque monde possible (contrefactuel)		

On voit ce qui distingue les deux types d'exclamatives: dans l'un, la vérité est assertée avec la force de l'évidence; dans l'autre, le parcours des possibles confirme la vérité jusque dans les cas extrêmes. Dans les deux, une tension contradictoire oppose l'univers actuel de celui qui parle à une image d'univers où p est possiblement faux.

NOTES

[1] «Il s'agit bien d'assertives; mais avec un quelque chose en plus qui se marque par des procédés divers, lexicaux, prosodiques, syntaxiques». (Culioli 1974, 6).

[2] P. ex. par Josselyne Gérard (1980, 3): «Un énoncé exclamatif est un énoncé *tronqué* exprimant le haut degré, cette troncation pouvant résider dans l'absence, soit du marqueur de degré, soit d'une proposition subordonnée».

[3] Le tour *Qu'est-ce que...!* est ressenti comme très familier. Nous citerons indifféremment dans tout ce qui suit, et sans autre précision, les tournures châtiées et d'autres relâchées, voire populaires. L'exclamation est avant tout un phénomène de langue parlée.

[4] Voir p. ex. la multiplicité des phénomènes décrits dans Henry 1977.

[5] *Cf.* Milner 1974, 83.

[6] Ainsi par K. Sandfeld (*Syntaxe. Les prop. sub.*, 1965, 60-61) qui la confond avec l'interrogative indirecte.

[7] *Cf.* Zemb 1978, 697. Même proposition dans Lüdtke 1983.

[8] *Cf.* Léon 1971.

[9] *Où sont les promesses électorales du candidat socialiste à la présidence de la République, du parti socialiste et du parti communiste!* (B, 149; voir *infra* n. 11).

[10] *Cf.* Milner 1974, 1978; Gérard 1980.
[11] Les exemples qui suivent sont tirés de trois textes:
B: R. Barre, *Réflexions pour demain*, Paris, Hachette, 1984.
C: F. de Closets, *La France et ses mensonges*, Paris, Denoël, 1977.
M: F. Mitterrand, *Ici et maintenant*, Paris, Fayard, 1980.
[12] P. 49.
[13] Gérard 1980, 39. Fréquemment aussi la question est rhétorique. *Si c'est permis de s'abîmer le tempérament comme ça!* (*Cf.* Henry 1977, 239).
[14] Avec l'«accusatif exclamatif», *cf.* Ernout-Thomas, *Syntaxe latine*, § 30.
[15] L'équivalent existe en grec. Cf. J. Humbert, *Syntaxe*, § 149.
[16] On peut dire *Comme la vie est singulière!* ou *Que le cœur de l'homme est incompréhensible!*, alors que ces prédicats ne sont pas compatibles avec la quantification par *très, assez, plus* (Gérard 1980, 58). Mais ce n'est pas là une objection dirimante contre l'hypothèse de la gradation obligée. Ces prédicats acceptent au moins des précisions adverbiales comme *tout à fait* (*Cf. Ce triangle est tout à fait isocèle*, qui n'est à la rigueur acceptable que dans une interprétation floue de *isocèle*).
[17] *Qu'est-ce qu'elle est plus longue que celle d'Onassis!* est peut-être acceptable, la piscine pouvant être plus longue à divers degrés (plus longue de 3 m, de 10 m, de 20 m...) que celle d'Onassis.
[18] V. plus haut p. 24.
[19] Dans le syntagme nominal, la procédure exige que l'on puisse déterminer une classe de référence. Ainsi s'explique peut-être que dans le tour *quel + adj. + subst.*, l'adj. («appréciatif» au sens de Milner 1974, 121?) signifie une qualité durablement attachée au x dont il s'agit:
Quel homme intelligent!, admirable!, exécrable!; Quel homme bon!
mais ?*Quel homme fatigué! assoiffé!*
Quel enfant maladif!
mais ?*Quel enfant malade!*
Quelle femme à colères!
mais ?*Quelle femme en colère!*, etc.
On peut sans doute accepter: *Quel homme assoiffé nous avons trouvé ce jour-là!*, où la classe de référence est celle des hommes assoiffés dans tout monde possible.
[20] Tour cité par L. Bazin lors du colloque sur l'interrogation (Paris-Sorbonne, déc. 1983).
[21] *Cf. LS*, 97.
[22] En diachronie peu importe l'antériorité de *que* relatif ou de *que* conjonctif: les deux assurent indifféremment la subordination par rapport à *ce*. L'interprétation proposée ne suppose pas non plus que *ce que...!*, soit, historiquement, une réduction de *qu'est-ce que...!*: les dates s'y opposeraient (*ce que* se répand à la fin du 19e s.; *qu'est-ce que* ne semble pas antérieur à la première guerre mondiale; Henry 1977, 133 et 144). Le morphème *que* est évidemment relatif dans le type *Ce qu'il écrit comme bouquins!* et la suppression de *ce* y est impossible. L'objection de J. Gérard (1980, 71), à savoir l'impossibilité des formes comme **Il possède ce comme entreprises* ne semble pas décisive, *ce* n'étant pas possible, en fr. mod., en dehors du relatif (*ce que...*), de certaines prépositions (*ce par quoi...*) et des verbes attributifs (*c'est*).. Au reste, la commutation avec *qui* est-elle inimaginable?
(Tout) ce qu'on a renversé comme sucre!
(Tout) ce qui a été renversé comme sucre!
(Tout) ce qu'on n'a pas dit comme sottises!
(Tout) ce qui n'a pas été dit comme sottises!
[23] Sur l'auto-repérage, voir Culioli 1974. Voir aussi, en dehors de l'exclamation: *Discret comme il est, il n'aura rien dit* (= «il est très discret»). *Un homme discret comme Pierre ne peut se comporter ainsi* (Cf. Milner 1977, 119).

[24] Faut-il écrire *courages* ou *courage*? *Cf.* Gross 1974, qui mentionne *Elle a un de ces mal de tête!*

[25] Là aussi notre hypothèse se rapproche beaucoup de celle de A. Culioli (1974). Elle est seulement réinterprétée dans les termes d'une sémantique des mondes possibles et des univers de croyance.

[26] Le type *Une sale farce qu'il vous fait là, l'animal!* (Gérard 1980, 125) peut s'expliquer par l'ellipse de *C'est une*.

[27] L'exclamation «graduelle» peut être indirecte: *Voyez combien de films ont été censurés!*; *Voyez comme elle est charmante!*; *Regarde ce qu'elle est belle! Que* est ici impossible: * *Regarde qu'elle est belle!* La subordonnée serait trop proche de la forme complétive. *Que de* est accepté: *Regarde, mon enfant, que de sottises tu as dites en cinq minutes*. (Cité par Sandfeld, § 210). Il n'empiète pas sur un domaine voisin. Le type *Je trouve que cela te va bien!* (Zemb 1978, 696) n'est autre qu'une exclamative «non graduelle».

[28] *Cf.* Gérard 1980, 107, 113-116 et Henry 1977, 128.

# QUATRIEME PARTIE

Fluctuation des univers de croyance. Le temps *de dicto*

Chapitre VIII
Temps *de re* et temps *de dicto**

Les univers de croyance ne sont pas des objets immuables. Au fil du temps, nos connaissances s'accroissent, d'autres sombrent dans l'oubli, et du fait même nos convictions se modifient, nos opinions évoluent, s'infléchissent et parfois s'inversent. Ce qu'aujourd'hui je tiens pour vrai, peut-être serai-je conduit à le remettre en cause. Bref, les univers fluctuent.

Ce temps de fluctuation des univers de croyance sera appelé le temps *de dicto*. On s'appliquera tout d'abord à en préciser la définition, en essayant de montrer la réalité linguistique que le temps *de dicto* recouvre (I). Une place privilégiée sera faite ensuite aux usages *de dicto* des formes temporelles, temps grammaticaux et adverbes de temps (II).

I. Définition et réalité du temps *de dicto*

A. *Définition*

En définissant le temps *de dicto* comme celui de la prise en charge des énoncés, on s'éloigne de l'usage habituel qu'en font les logiciens.

---

* Les chapitres VIII et IX réutilisent en partie et en l'aménageant la matière de notre article de *Lgue fr.* 1985 et de notre contribution au Colloque du Lacito sur «Temps et Aspects» (1985).

En logique, en effet, un opérateur (modal ou temporel) est *de dicto* s'il porte sur la proposition entière et pas seulement sur le prédicat. La phrase suivante se prête à deux lectures: *En 1988, tous les postes de télévision pourront capter les chaînes privées.*

Elle ne précise pas s'il s'agit des postes déjà en service ou des postes à construire.

Si « *C* » représente le prédicat « pouvoir capter les chaînes privées », on écrira soit:

F ($\forall$x, Cx) où l'opérateur *F* du futur est *de dicto* parce qu'il porte sur toute la proposition et qu'il possède dans son champ le quantificateur de totalité; cette représentation ne vaut donc que pour les postes à construire;

soit:

$\forall$x (*F(C*x)), où l'opérateur *F*, utilisé *de re*, est lui-même dans le champ du quantificateur, de telle sorte que cette représentation vaut pour tous les postes, y compris ceux qui sont déjà en service.

Mais il est bien clair que la langue laisse justement dans le non-dit une telle opposition. On peut donc se demander si le temps *de dicto* ainsi conçu est linguistiquement opératoire: la moins inadéquate est la représentation *de re*, qui ne précise pas le domaine temporel du quantificateur.

La définition adoptée s'éloigne aussi d'une conception qui lierait le temps *de dicto* à l'énonciation et où le temps *de dicto* serait le temps nécessaire à la profération de l'énoncé. Ce n'est pas qu'une telle approche soit dénuée d'intérêt[1]. Mais en dehors de quelques situations de reportage (*Platini tire au but... hé non! il perd sa chaussure...*), la vérité de ce qui est dit reste strictement invariante durant tout le temps, forcément bref, de l'énonciation. Le temps de prolifération de l'énoncé peut donc idéalement se réduire à l'instant t_o[2]. En d'autres termes, le temps d'énonciation se trouve, sans artifice, comme immobilisé en t_o. Seule la fiction narrative peut inverser ce rapport et arrêter le temps *de re*, pendant que le cours du récit suit d'autres voies. Qu'on en juge par tel ou tel passage de Laurence Sterne: « Mon oncle Toby, que nous avons laissé tout ce temps secouer les cendres de sa pipe... ». Voici la mère du narrateur, l'oreille collée à la porte: « Et dans cette attitude, je décide de la laisser cinq minutes jusqu'à ce que j'aie ramené à la même époque les affaires qui se passent à la cuisine »[3]. L'illusion se crée que le temps *de re* se fige aux détours du récit. Mais on s'éloigne assurément de l'usage ordinaire du langage. Même quand l'énonciation occupe un intervalle étendu comme dans le récit, la durée que celui-ci requiert n'affecte en rien sa vérité.

L'approche la plus opératoire paraît être celle qui définit le temps *de dicto* comme le temps de la prise en charge de l'énoncé. L'opposition est alors nette avec le temps *de re*.

En disant de Pierre qu'il a les mains sales, je situe *de re* le fait que Pierre a les mains sales dans le présent, c'est-à-dire dans un intervalle qui comporte le moment t_0 de l'énonciation. Je sais que la proposition *Pierre a les mains sales*, actuellement vraie et donc par moi prise en charge, ne sera vraie qu'aussi longtemps que Pierre a effectivement les mains sales. Pour peu que Pierre se lave les mains, et *Pierre a les mains sales* sera une proposition fausse. Ici temps *de re* et temps *de dicto* se confondent.

Mais rien de tel au passé. *A ce moment-là, Pierre avait les mains sales*. *De re* cette proposition est située dans le passé; *de dicto* je la prends en charge non seulement au présent, mais indéfiniment, sauf erreur ou sauf oubli. Cette fois, temps *de re* et temps *de dicto* se disjoignent.

Au reste, la proposition *Pierre a les mains sales*, actuellement par moi admise pour vraie, sera, dans l'avenir, une fois que Pierre se sera lavé les mains, tenue pour une proposition qui a été vraie. On retrouve ainsi, intuitivement, les théorèmes bien connus de la logique priorienne, mais réinterprétés en termes *de re* et *de dicto*:

(1) $S\ (Sp) \Rightarrow F\ (Pp)$ [4]
(2) $S\ (Pp) \Rightarrow F\ (Pp)$...

Il n'est pas déraisonnable, en effet — dût-on s'éloigner du système de Prior — d'interpréter, dans ces formes à deux opérateurs, le premier *de dicto* et le second *de re*. Ainsi, dans (1), le premier «*S*» ainsi que «*F*» seront *de dicto*, les parenthèses fonctionnant comme du discours direct :

S	(Sp)	⇒	F	(Pp)
Je tiens ceci pour vrai :	«Pierre a les mains sales»		Je tiendrai ceci pour vrai :	«Pierre avait les mains sales»
de dicto	*de re*		*de dicto*	*de re*

Ces formulations conduisent cependant à se demander si le temps *de dicto* ne peut pas se calculer toujours à partir du temps *de re*, auquel cas la distinction *de re / de dicto*, telle qu'on l'envisage ici, perdrait beaucoup de sa pertinence. De même que l'événement passé est, sauf erreur, indéfiniment vérifié, de même une proposition qui décrit un

événement futur répond, dans le temps *de dicto*, à des conditions de vérité aisément prévisibles: futur dans le présent, l'événement sera passé dans le futur de ce futur, où je prendrai conséquemment en charge une proposition décrivant ce fait passé. Des observations comparables valent pour l'accompli: *Il est mort* décrit un état indéfiniment vérifié: la prise en charge de l'énoncé sera de même indéfiniment assumée. *Les crocus sont sortis* décrit un état passagèrement vérifié, lié à un événement cyclique. La prise en charge coïncide avec l'étendue *de re*; au delà, l'état sera admis comme ayant été. Quant au fait présent, pris en charge, en tant que fait présent, aussi longtemps qu'il est vérifié *de re*, il l'est:
- intemporellement dans les vérités intemporelles[5]: *Deux et deux font quatre.*
- durablement dans les vérités durables: *Il est intelligent!*
- limitativement dans les vérités limitées: *Il a les mains sales.*

Apparemment donc, la connaissance du temps *de re* permet dans tous les cas de déterminer univoquement le temps *de dicto*. Mais une telle conclusion irait à l'encontre de la conception linguistique du temps. Les langues ne fonctionnent pas ainsi, et la visée *de dicto* est loin de se déduire toujours de la visée *de re*.

B. *Pour l'autonomie de l'axe* de dicto

Pour montrer l'autonomie du temps *de dicto*, on avancera trois sortes d'arguments.

1° Les langues disposent toutes de moyens pour marquer la mouvance, par nature imprévisible, de ce que le locuteur tient pour vrai. Ces formes se rattachent du fait même à une conception *de dicto* du temps. Les unes sont seulement complétives, propres à satisfaire l'exigence d'exhaustivité du discours; d'autres sont restrictives; d'autres encore proprement rectificatives.

- Une seconde assertion peut en compléter une précédente, de telle sorte qu'avec le recul la première apparaît comme insuffisante à l'endroit de la condition d'exhaustivité. Comparons:

Il n'a ni papier ni crayon.
Il n'a pas de papier, ni de crayon.

Les deux phrases peuvent se gloser par «Il n'a pas de papier et il n'a pas de crayon». Mais dans le premier cas, les deux assertions[6] apparaissent comme simultanément assumées, alors que dans le second, on peut discerner deux temps. *Il n'a pas de papier* est donné pour vrai au moment t_0 du temps; *Il n'a pas de crayon* est ensuite surajouté, vrai en t_{0+k} et complétant, dans une seconde phase, une information qui n'a été que partielle.

- On a vu plus haut[7] le rôle restrictif de *sauf si* et de *à moins que*. Une analyse comparable vaut pour *si tant est que*. Dans la phrase suivante :
Pierre fera l'utile, si tant est qu'il ait reçu ma lettre,
p est d'abord donné pour certain; mais *si tant est* introduit ensuite une restriction qui remet *p* en cause, car

$$\Diamond \sim q \land (\sim q \Rightarrow \sim p)$$

Il y a là incontestablement deux assertions successives, portées par le temps *de dicto*, et telles que la seconde corrige, voire révoque en doute la première en la réaffectant aux seuls mondes possibles.

- D'autres formes, rectificatives, sont la prévision d'infléchissements possibles, de retours en arrière, de corrections, de repentirs :
  - formes adverbiales comme *plus exactement, à vrai dire, du moins, ou plutôt, ou mieux*;
  - incises rectificatives comme *que dis-je ?*;
  - formes de concession rectificative (comme *encore que*).

Au reste, sans aller jusqu'à la contradiction, une proposition peut, au fil du discours, s'infléchir, se modifier, se gauchir. J.-B. Grize a pertinemment analysé ces aléas de la prédication[8]. De même, dans le dialogue, un acquiescement provisoire peut conduire dans un second temps à une rectification, celle-ci pouvant aller jusqu'à la contradiction :

A - *Il est très intelligent.*
B - *Oui. Disons qu'il a surtout une excellente mémoire.*
A - *Il est très intelligent.*
B - *Oui. Enfin, non. Il a seulement de la mémoire.*

Dans tous ces exemples, le temps *de dicto* apparaît comme le lieu de mouvance de mes convictions. Il est l'axe où se modifient les univers de croyance.

2° Un grand nombre de phénomènes linguistiques impose de recourir à la notion d'*images d'univers*, représentation dans le discours d'un univers de croyance. Or ces images supposent une ordination qui touche la prise en charge des propositions qu'elles comportent.

En disant que *Pierre est déjà là*[9], je donne à entendre qu'il est là plus tôt qu'on pouvait penser. Ce commentaire fait apparaître une ordination entre ce que l'on constate (la présence de Pierre en t_o) et ce que l'on prévoyait (son absence en t_o, sa présence plus tard). A l'univers actuel du *je* se superpose ainsi un autre univers, accessible certes depuis le premier, mais qui s'en distingue par ce fait qu'en t_o *p* y est faux, alors qu'il est vrai dans l'univers de *je*. L'«image» renvoie à ce qu'on pouvait penser et qu'en tout état de cause, sous la contrainte des faits, le locuteur ne pense plus. Le temps ainsi évoqué n'est évidemment pas du temps *de re*. Il sous-tend le cours de la vision des choses et non le cours des choses elles-mêmes. Il est de nature *de dicto*.

On renvoie aux analyses, proposées dans les précédents chapitres, des formes négatives, concessives et exclamatives. Citons aussi:
- les emplois du subjonctif contrefactuel[10];
- les adverbes ou locutions adverbiales du type *finalement p, tout compte fait p*, qui supposent des étapes préalables où *p* était au moins en débat (faux dans quelque monde possible);
- l'adverbe *même*: *Même Pierre est venu* laisse entendre qu'on pouvait penser qu'il ne viendrait pas (où la non-venue de Pierre appartient à la plupart des mondes possibles dans une image d'univers).

Les images d'univers jouent aussi un grand rôle dans les systèmes hypothétiques. C'est évident pour l'irréel: dire *S'il avait réussi...*, c'est laisser entendre qu'on pouvait penser qu'il réussirait — sauf à se situer sans plus dans l'imaginaire (*Si les hommes avaient des ailes*). Mais elles interviennent par ailleurs dans un phénomène comme celui de l'hypothétique de reprise, du type:

A - *J'ai sorti la voiture.*
B - *Si c'est ça, je la prends pour aller chez le pharmacien.*

B ne met pas en doute le dire de A; mais, jouant sur une image d'univers, il persiste à placer dans les mondes possibles ce qui, de fait, appartient au réel. Le locuteur suggère ainsi qu'il est étranger à une réalité qui n'était à ses yeux qu'un possible parmi d'autres — auquel il peut même n'avoir pas pensé.

A la limite, le *si* de reprise s'accommode d'une constatation *de visu*. Supposons que je voie arriver Pierre, que je le voie de mes yeux, ce qui s'appelle voir. Je puis dire cependant:

- *Si c'est ça, je m'en vais.*

C'est évidemment ça, puisque je le constate! La forme hypothétique se justifie seulement par ce fait que, sur l'axe temporel *de dicto*, je considère la venue de Pierre comme un possible, un possible parmi d'autres qui certes s'est réalisé mais que rien n'imposait de prévoir.

3° Tout cela plaide en faveur d'un axe *de dicto* indépendant de l'axe *de re*. Il s'y ajoute cet argument décisif que les formes linguistiques qui signifient le temps («tiroirs grammaticaux», adverbes de temps, particules temporelles...) connaissent des usages *de dicto*, c'est-à-dire propres à marquer non pas le temps des événements mais celui de la prise en charge des propositions qui les décrivent. C'est ce qu'on va montrer maintenant avec quelque détail.

II. Usages *de dicto* des formes temporelles

Des usages *de dicto* se reconnaissent aussi bien dans les «tiroirs» grammaticaux que dans les adverbes de temps. Les faits qu'on va évoquer sont assurément bien connus: mais la notion de temps *de dicto* devrait non seulement les unifier, mais encore les éclairer d'une lumière nouvelle.

A. *Les tiroirs grammaticaux*

Pour illustrer le passage d'une temporalité *de re* à une temporalité *de dicto*, on n'examinera que quelques exemples:
- le futur dit «conjectural»;
- les usages dits «atténuatifs» des temps grammaticaux;
- l'emploi «historique» du système des temps.

1. Le futur «conjectural»

On peut dire en français: *On sonne; ce sera le facteur*. De même en allemand: *Es hat geklingelt; das wird der Briefträger sein*[11]. La sonnette a retenti; c'est le facteur ou ce n'est pas lui. Nul doute qu'il s'agit, *de re*, d'un fait présent et non pas futur. L'emploi du tiroir FUT[12] ne peut se comprendre que sur l'axe *de dicto*. Ce qui appartient à l'avenir, ce n'est pas le fait en tant que tel, mais la prise en charge de la proposition qui le décrit. Seul l'avenir confirmera, épistémiquement, ce qui au présent n'est qu'hypothèse vraisemblable. «L'instant à venir d'où l'on considère l'événement, écrivent J. Damourette et E. Pichon[13], est l'instant où l'on aura acquis, sur la question débattue, une certitude que l'on n'a pas encore». Si la notion de temps *de dicto* n'apparaît pas explicitement dans ce commentaire, elle y affleure. Le FUT se justifie par la certitude que l'on a de la prise en charge, dans l'avenir, de la proposition qui le comporte[14].

2. Les usages « atténuatifs »

Beaucoup d'emplois «modaux» des temps grammaticaux relèvent de mécanismes comparables et sont à référer eux aussi au temps *de dicto*. Ainsi dans les usages d'atténuation polie:

- *Je vous dirai que...* De fait je suis en train de le dire; mais *de dicto* je rejette la prise en charge dans l'avenir, de telle sorte que l'illusion se crée que l'interlocuteur peut encore faire obstacle à mon dire.
- *Je voulais vous dire que...* Là aussi je le veux toujours, puisque je suis en train de le dire. Le rejet *de dicto* dans le passé fait naître l'impression d'une rupture que seul appelle le souci de la politesse. Un commentaire comparable vaut pour le FUT ou pour l'IMP «forains»[15].
- *Ce sera tout, Madame?* Je fais comme si, par une délicatesse toute commerciale, je ne prenais pas encore la responsabilité d'une telle question, restant à l'entière disposition de mon aimable cliente.
- *Qu'est-ce qu'il vous fallait comme ruban?* Question prudemment référée au passé, car le locuteur n'est en rien assuré de pouvoir satisfaire le souhait qui s'est exprimé.

De tels usages assurément ne se déduisent d'aucune façon d'une analyse logique de la temporalité *de re*. Ils se situent sur un axe différent que l'approche linguistique gagne à dissocier de la simple temporalité des faits.

3. Emploi « historique » du système des temps

Le présent «historique» (PH) fournit un autre exemple encore qui impose de disjoindre le temps *de re* et le temps *de dicto*. Son comportement tient du paradoxe. D'une part, il fonctionne comme fonctionnent les temps du passé. Il s'allie à des indications temporelles incompatibles avec le présent ordinaire, du moins en dehors de l'itération:

et quand il voit que...
et alors il se décide à...; à ce moment-là, il prend une serviette et...
il reste là pendant quelques secondes, puis il s'en va...

Au présent ordinaire, je ne puis affirmer sans mensonge: *Je ne suis pas là* ou bien *Je ne sais pas qu'elle est là*. Rien de tel au PH:

Il vient me voir, et comme je ne suis pas là, il...
Il vient me voir, et comme je ne sais pas qu'il a l'intention de s'installer ici, je...

Pourtant, il est bien évident par ailleurs que le PH donne pour contemporains des faits qui ne le sont pas. Tout se passe comme si le

locuteur voyait se dérouler devant lui ce qui pourtant appartient au passé. Le PH est ainsi courant dans des contextes où les temps du passé sont pour le moins inhabituels :
- *Voilà qu'il prend sa serviette et que...*
?*Voilà qu'il prit sa serviette et...*
- *Maintenant il prend sa serviette et...*
?*Maintenant il prit sa serviette et...*

Temps du passé et temps du présent : comment concilier l'inconciliable ? La distinction de la temporalité *de re* et de la temporalité *de dicto* suggère une commode interprétation. *De re* les faits relatés sont saisis comme des faits passés ; *de dicto* ils sont pris en charge comme ils le seraient s'ils étaient des faits présents. Du même coup, on comprend mieux l'originalité du PH. Du côté du passé, le fait que j'évoque peut m'être connu depuis plus ou moins longtemps. Je peux en avoir été le témoin, je peux l'avoir appris peu après son avènement ou au contraire en avoir acquis la certitude il y a fort peu de temps, peut-être à l'instant même. Une phrase au passé ne se prononce pas là-dessus : *Pierre s'est marié le 10 janvier 1983.* A quel moment l'ai-je su ? Au PH, l'illusion se crée d'une prise en charge contemporaine. Tout se passe comme si, au moment même où les événements ont lieu, le locuteur les constatait et qu'ainsi la prise en charge de ce qu'il dit était simultanée, *de dicto*, des événements eux-mêmes. La fiction consiste, sur l'axe *de dicto*, à décaler t_0 du côté du passé.

Plus précisément, c'est l'ensemble du système temporel qui, *de dicto*, se déplace et pas seulement le PH. Qu'on en juge par un exemple banal comme celui-ci, où le conditionnel, quoique situé *de re* dans le passé, fonctionne comme il le ferait en t_0 et où le « futur des historiens » et le passé composé historique illustrent de leur côté ce décalage *de dicto* de l'entier du système :

Dès 1964, Harold Wilson est rappelé *aux dures réalités par l'état désastreux des finances britanniques. Ce* serait *une bonne occasion de réexaminer le programme. Le budget* a doublé *en dix ans, les difficultés* s'annoncent *plus grandes que prévu (...) Mais la France gaulliste* ne veut *rien entendre... On* ne réexaminera *donc rien, on* n'ouvrira *aucun vrai débat et la Grande Bretagne* devra, *en renâclant, reprendre sa place dans l'attelage* (F. de Closets, *La France et ses mensonges*, 27-28).

Un tel exemple montre qu'il existe un usage « historique » du *système* des temps (dont le PH ne représente qu'un cas particulier, il est vrai largement privilégié). Cet usage a partie liée avec le temps *de dicto* : c'est sur l'axe *de dicto* que s'opère le décalage de t_0 et, conséquemment, du système tout entier. L'usage «historique» du système des temps représente une forme fictionnelle de la prise en charge des énoncés.

Rem. Cette observation constitue, semble-t-il, un argument très fort contre les théories du PH (Mellet, 1980; Serbat, 1980...) fondées sur l'idée que le PR serait de caractère non temporel, la forme non marquée du système et du fait même propre à désigner n'importe quelle époque du temps, en particulier l'époque passée.

On voit donc la diversité des emplois qui, dans le système des temps, s'éclairent grâce à la distinction des deux axes *de re* et *de dicto*. L'examen des adverbes de temps confortera encore l'hypothèse de leur indépendance.

B. Les adverbes de temps

Les grammairiens dès longtemps ont inventorié, pour les adverbes de temps, des usages qu'ils appellent «logiques» (parfois on les appelle aussi «pragmatiques»):

C'est déjà ça de pris
Encore heureux que...
C'est toujours ça
Il s'est marié. Maintenant, est-il heureux?

De tels exemples se décrivent commodément si l'on veut bien considérer qu'ils illustrent le passage de l'axe *de re* à l'axe *de dicto*. On va essayer de le montrer par l'analyse de l'adverbe *toujours* et plus particulièrement du tour *toujours est-il que*[16].

1. L'adverbe toujours. *Des usages* de re *aux usages* de dicto

De re, l'adverbe *toujours* signifie soit l'idée de permanence, soit celle de persistance.

Dans l'effet de *permanence*, l'espace qu'occupe *de re* l'adverbe *toujours* est celui que détermine le tiroir grammatical:

Il était toujours en retard
Il l'a toujours aimée
Il l'aimera toujours...

Une phrase comme *Pierre a toujours faim* est une phrase ambiguë: elle peut signifier ou bien que Pierre a faim chaque fois que normalement on a faim; ou bien qu'il a faim tout le temps, sans discontinuer, à chaque instant du temps. Le quantificateur temporel *toujours* est un quantificateur de totalité, mais sa portée peut se restreindre aux instants discontinus où le fait évoqué peut avoir lieu. Au reste, comme tous les quantificateurs, *toujours* s'accommode d'une interprétation floue et s'applique aussi à ce qui est vrai dans la plupart des cas. *Il est toujours chez lui* peut signifier qu'il y est si souvent que c'est comme s'il y était tout le temps. Quelle qu'en soit l'interprétation, ces phrases manifestent l'effet de permanence de l'adverbe *toujours*.

L'idée de *persistance* n'apparaît guère que dans l'alliance avec le présent, l'imparfait ou le participe présent, c'est-à-dire avec un temps imperfectif, capable de fournir une limite interne par rapport à laquelle la persistance de la durée peut se manifester. *Elle l'aime toujours* signifie qu'elle continue à l'aimer, ce qui présuppose qu'elle l'a aimé précédemment. Dans cet emploi, *toujours* est commutable avec *encore*. Au négatif, il précède *pas* et l'alliance *toujours pas* signifie la persistance d'un procès négatif : *Il n'a toujours pas faim* (par opposition à *pas toujours*, où le quantificateur *toujours*, au sens de la permanence, se trouve dans le champ de la négation : *Il n'a pas toujours faim*).

Cette idée de persistance est transposable sur l'axe *de dicto*. *Cause toujours !* : le conseil n'est évidemment pas de causer sans arrêt. Mais, *de dicto*, le conseil est indéfiniment valable, car je sais bien que le fait de causer restera sans aucun effet, et je peux donc assumer indéfiniment une injonction d'aussi peu de conséquence. Dans un exemple comme celui-ci : *Moi je vais emporter les cent balles et la monnaie... Hein ?... Ça fera toujours mon voyage...* (Céline, *Mort à crédit*, 662), la vérité de *ça fera mon voyage* ne saurait être mise en cause ; elle persiste quoi qu'il advienne. Sans préjuger des conséquences du fait que « je vais emporter les cent balles et la monnaie », une chose est sûre : « ça fera mon voyage ». Cette dernière proposition, je puis la prendre en charge indéfiniment sans rupture prévisible. Une analyse comparable vaut pour le type *Tu peux toujours essayer*. La possibilité de l'essai existe, cela est indéfiniment vrai, quels qu'en soient les effets. Si j'ai le sentiment que les conséquences en seront ou favorables ou anodines, mon dire aura la valeur d'un bon conseil. Si, au contraire, tout donne à penser qu'elles seront désastreuses, ma phrase apparaîtra comme une menace. Conseil ou menace, je la prends à mon compte — indéfiniment.

Tous ces exemples ont en commun de situer l'idée de persistance véhiculée par *toujours* non pas sur l'axe *de re* des faits, mais sur celui, *de dicto*, de leur prise en charge. Dans l'emploi *de dicto*, persistance et permanence se confondent plus ou moins. C'est pourtant l'idée de persistance qui paraît l'emporter, du moins si on en juge par le tour négatif, fourni par *toujours pas*[17] :

Prosper - *Et il faut voir l'effet que ces choses-là font en province, quand on les raconte.*

L'huissier - *Qui est-ce qui les raconte? Ce n'est* toujours pas *les députés.* (A. Capus, *Les favorites*, 2).

S'ils n'y sont pas, ils sont toujours pas *loin* (M. Genevoix, *Raboliot*, 91).

... faut toujours pas *qu'il ay'e idée de v'nir à ç'monde...* (R. Martin du Gard, *La Gonfle*, I, 6, p. 1194).

Le passage de l'axe *de re* à l'axe *de dicto* est particulièrement net dans le tour *toujours est-il que*, où *toujours* signifie cette même idée de persistance.

2. *Toujours est-il que*

Le tour *p; toujours est-il que q* apparaît tantôt dans le dialogue, tantôt hors du dialogue, et les conditons de fonctionnement, selon que *p* appartient ou non à l'univers du locuteur, ne sont pas tout à fait les mêmes [18].

a) Hors du dialogue, *p* est toujours référé à des mondes possibles. Tantôt il est affecté d'un modalisateur de possibilité (*peut-être que p, sans doute p, à moins que p...*) :

Peut-être y avait-il eu des Simonnet qui avaient fait de mauvaises affaires, ou pis encore. Toujours est-il que *les Simonet s'étaient, paraît-il, toujours irrités comme d'une calomnie quand on doublait leur n.* (M. Proust, *A l'ombre des jeunes filles en fleur*, 845).

Ses parents, avertis par lui, avaient cru devoir avertir ma mère; et sans doute aussi souhaitaient-ils de voir ma mère le remplacer auprès de moi, estimant que le temps d'un boursier de voyage pouvait être mieux employé qu'à ce rôle de garde-malade. Toujours est-il que *ma mère arrivait.* (A. Gide, *Si le grain se meurt*, 568).

Je crois que le brave capitaine s'est un peu perdu; à moins qu'il n'ait d'abord essayé d'un des bras du Chari, bientôt reconnu impraticable... Toujours est-il que, *de nouveau, nous devons mettre cap au nord.* (A. Gide, *Voyage au Congo*, 845).

Tantôt *p* est le lieu d'une interrogation
- directe :

  Le cadeau vint-il pour répondre à un projet de journal? Peu importe. Toujours est-il qu'*une petite gazette, à l'usage des proches, fut fondée.* (A. Gide, *Si le grain ne meurt*, 413)

- ou indirecte :

  Quelqu'un, hier, a ouvert la barrière de l'enclos de Mme Freger. Malveillance, incurie... on ne sait. Toujours est-il que *les sept génissons qui paissaient dans l'enclos sont sortis.* (A. Gide, *Journal*, 1939, 583).

Comment ma femme s'est-elle imaginée que vous habitiez au 54? Je ne sais, toujours est-il que, *forte de cette erreur, c'est au 54 que, d'Alger, elle adressait une lettre à ta femme (il y a six semaines). C'est au 54 que je t'écrivais moi-même à peu près au même temps.* (A. Gide et P. Valéry, *Correspondance*, Déc. 1900, 378).

Je n'ai jamais appris qui avait prononcé ainsi devant elle, ou ce qui lui avait donné à croire qu'il fallait prononcer ainsi. Toujours est-il que *pendant quelques semaines, elle prononça Sainte-Loupe, et qu'un homme qui avait une grande admiration pour elle et ne faisait qu'un avec elle, fit de même.* (M. Proust, *Sodome et Gomorrhe*, 978).

Tantôt encore p se présente comme un lieu d'oubli :

Je rêvais de tout cela et n'en fis rien, ou si je fis quelque chose d'approchant, je l'ai oublié. Toujours est-il que *le mot même de* justice *me jetait dans d'étranges fureurs. Je continuais, forcément, de l'utiliser dans mes plaidoiries.* (A. Camus, *La Chute*, 1520).

Toujours est-il que q laisse entendre que la possibilité de p et conséquemment celle qu'il entraîne q n'ont pas d'importance de fait, car q est vrai que p soit vrai ou qu'il soit faux, ce qui revient à dire que la vérité de q persiste quelle que soit la valeur de p. En d'autres termes : p et $(p \Rightarrow q)$ appartiennent aux mondes possibles. Dans le monde m_o de ce qui est, q est vrai quel que soit p :

$$(p \wedge q) \vee (\sim p \wedge q).$$

Soit :

$$\underbrace{p \wedge (p \Rightarrow q)}_{m} \wedge \underbrace{(p \wedge q) \vee (\sim p \wedge q)}_{m_o}$$

Rem. La forme $(p \wedge q) \vee (\sim p \wedge q)$, équivalente à $(p \Rightarrow q) \wedge (\sim p \Rightarrow q)$, peut donner à penser que p présuppose q. Il n'en est évidemment rien. Pour qu'il y ait présupposition (on l'a rappelé plus haut[19]), il faut que la forme $(p \Rightarrow q) \wedge (\sim p \Rightarrow q)$ soit admise dans tout univers où p est décidable. En l'occurrence, elle ne vaut que pour un intervalle déterminé dans l'univers du locuteur.

b) Dans le dialogue, p appartient à l'univers de l'interlocuteur qui vient de s'exprimer :

A - *J'ai été reçu sèchement (p)* [A veut dire : «Je serai licencié» $(=r)$]

B - *Toujours est-il que c'est le directeur lui-même qui t'a parlé.*

Dans l'univers de A (U_A), p est vrai (et A laisse entendre que $p \Rightarrow r$) :

$p \wedge \Box(p \Rightarrow r)$.

Le locuteur B admet p et sans doute la possibilité que $p \Rightarrow r$; mais cette possibilité appartient au plus à une image d'univers (U'), car quelle que soit la valeur de p, q est une proposition vraie :

$(p \wedge q) \vee (\sim p \wedge q)$,

et tout donne à penser que $q \Rightarrow \sim r$.

Soit :

$$[p \wedge (p \Rightarrow r)] \wedge [((p \wedge q) \vee (\sim p \wedge q)) \wedge \Box(q \Rightarrow \sim r)]$$

```
   U'                           m_o
(image de U_A
  dans U_B)        · DIT:
                   persistance de q
```

Un cas particulier est celui où r n'est autre que p lui-même :

A - *Je serai licencié*
B - *Toujours est-il que c'est le directeur lui-même qui t'a parlé.*

Soit :

$$[p \wedge (p \Rightarrow p)] \wedge [((p \wedge q) \vee (\sim p \wedge q)) \wedge \Box(q \Rightarrow \sim p)]$$

```
   U'                      m_o
```

NOTES

[1] Ainsi conçu, le temps *de dicto* peut notamment avoir de l'importance en sémiotique. Que l'on compare par exemple le temps de communication d'un message selon qu'il est diffusé par voie d'affiche ou par la radio. Certains linguistes semblent portés à lier temps *de dicto* et temps de l'énonciation. Pour J.M. Zemb (1980, 105), le temps *de dicto* n'est autre que l'«actualité de l'acte de parole». En ce sens, le temps *de dicto* correspond au «temps discursif» de R. Valin (1971, 48).

[2] *Cf.* Nef 1983, 170-171.

[3] *The Life and Opinions of Tristram Shandy, gentleman*, V, V, cité par F. Jacques, *Différence et subjectivité*, 202. Sur le temps de narration, voir aussi Fauconnier 1984, 177, en particulier cet exemple de Jules Verne (*L'Epave de Cynthia*) : «Les choses suivaient donc un cours des plus paisibles, et le temps s'écoulait sans incidents notables. On en profitera pour franchir avec le lecteur un intervalle de deux années et le ramener à Noroë». Ici le temps *de re* n'est pas figé, mais le narrateur le laisse s'écouler sans en tenir compte.

[4] S = présent; P = passé; F = futur.

[5] Les vérités intemporelles, indéfiniment vraies, forment avec les phrases qui décrivent un fait passé la classe que W.V.O. QUINE appelle les phrases perdurables : « Les phrases perdurables s'opposent aux phrases occasionnelles en ceci que le sujet parlant peut réitérer un acquiescement ou un refus ancien à une phrase perdurable sans y être poussé par une stimulation actuelle, lorsqu'on lui pose la question à nouveau dans une occasion postérieure à la stimulation. Une phrase occasionnelle, au contraire, ne commande l'acquiescement ou le refus que si ceux-ci sont provoqués à nouveau par une stimulation actuelle ». (*Le mot et la chose*, Flammarion 1977, 70). Les phrases « occasionnelles » de Quine sont dites « phrases déictiques ou phrases dépendantes du contexte » dans Cresswell 1984, 39.

[6] Il s'agit bien d'assertions distinctes. Une phrase comme celle-ci : *Ni Pierre ni Marie ne sont venus* se glose par « Pierre n'est pas venu ; Marie n'est pas venue » et induit l'idée qu'on les attendait séparément. Dans *Pierre et Marie ne sont pas venus*, assertion unique, ils sont plutôt attendus ensemble.

[7] Chap. VI. Voir aussi l'analyse de *encore que*.

[8] « Supposons un sujet qui raisonne et qui est conduit à affirmer une proposition *p*, puis la proposition *q*. Il peut se faire — et dans les déductions formelles, c'est monnaie courante — que, plus avant dans son raisonnement, le sujet ait de nouveau besoin de *p*. La logique usuelle est intemporelle [= indépendante du temps *de dicto*, tel que nous l'entendons ici, R.M.]. Ce qui est posé l'est une fois pour toutes. Le sujet va donc dire quelque chose du genre : « comme nous l'avons vu plus haut, nous avons *p* ». La question que l'on peut se poser est de savoir si cela est toujours légitime et il semble que non. On peut sans peine imaginer des situations, d'apprentissage par exemple, dans lesquelles poser *q* oblige à revenir sur l'affirmation *p*. Non pas qu'il sera nécessairement opportun d'écrire non-*p*. C'est plutôt un certain *p*' qu'il faudra poser. Mais cela suffit pour que *p* ne puisse être valablement réitéré dans le raisonnement » (Grize 1982, 130).

[9] *Cf. LS*, 40-43.

[10] *Cf. LS*, 114-120.

[11] *Cf.* Klein 1980.

[12] IMP : imparfait ; FUT : futur ; PH : présent historique.

[13] § 1858 E.

[14] Cet usage est particulièrement fréquent au FUT ANT. Type : *Il aura manqué son train*. Marc Wilmet, L'Imparfait forain, *Mél. Mourin*, 1983, 159-167, fait allusion, p. 167, à l'imparfait « anticipatif » de l'espagnol moderne : *Te daba un... :* « Je vais te donner un... ». L'explication est sans doute comparable à celle que l'on propose ici pour le FUT de probabilité. Mais dans un tel usage, la prise en charge est décalée du côté du passé, sans rupture (ce qui serait impossible en français). La promesse est prise en charge dès avant le présent.

[15] M. Wilmet, *op. cit.*, situe cet emploi parmi l'ensemble des effets de sens possibles de l'IMP. Notons aussi que le PC en est exclu : seul l'IMP crée l'« actualité » dans le passé capable de marquer le décalage d'une prise en charge.

[16] J'ai pu lire sur cette question le manuscrit d'un article à paraître de T. Nguyen, où l'interprétation est reliée à la théorie de l'argumentation.

[17] Les deux premiers exemples cités ont été recueillis par Damourette et Pichon, *EGLF*, § 2974.

[18] Les exemples cités ici sont pris aux fonds textuels de l'INaLF.

[19] P. 29.

Chapitre IX
Temps *de dicto* et système grammatical des temps

Le temps *de dicto* peut même entrer comme une composante dans la structuration du système grammatical des temps. On peut raisonnablement formuler l'hypothèse qu'il en est ainsi en français (I). Les conséquences en sont en grand nombre (II).

I. Hypothèse

Beaucoup de linguistes[1] voient le système des temps français constitué de deux sous-systèmes: celui du PR et celui de l'IMP[2]. Au PR correspond le FUT; à l'IMP, le COND. Chacun de ces temps est flanqué d'une forme composée marquant l'accompli (et secondairement l'antériorité). On obtient ainsi:

```
        ╱─PR ─────────── FUT
(PC)╱         (FUT ANT)╱       axe du PR

        ╱─IMP ────────── COND
(PQP)╱        (COND PASSE)╱    axe de l'IMP
```

Le PS et le PA ne sont pas pris en compte ici; on y touchera par la suite. Dire *Il range sa bibliothèque*, c'est laisser entendre qu'au moment t_0 de l'énonciation, une partie de la bibliothèque est déjà rangée (rangement effectué en une somme ω d'instants) et qu'une autre reste encore à ranger (en une somme d'instants α) :

$$\frac{\quad\omega\quad\big|\quad\alpha\quad}{S = t_o}$$

Cette structure vaut également pour l'IMP, avec cette différence que le seuil S, séparateur de ω et α, est situé antérieurement à t_o :

$$\frac{\quad\omega\quad\big|\quad\alpha\quad}{S < t_o}$$

Le FUT et le COND se construisant uniquement sur α, le système aura donc globalement l'allure suivante :

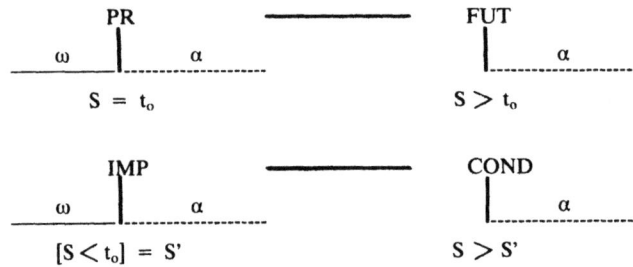

Cette distinction de deux axes conduit à une structure qui a non seulement les vertus de la simplicité, mais qui rend compte d'un grand nombre d'intuitions :
- comportement du COND comme un « futur dans le passé » ;
- comportement de l'IMP comme un « présent dans le passé » : la plupart des emplois de PR sont directement transposables à l'IMP — et inversement ;
- structures hypothétiques parallèles (*si* +PR/FUT; *si* + IMP/COND) ;
- emplois comparables du PC et du PQP, etc.

Elle a cependant l'inconvénient de ne justifier d'aucune façon la dissymétrie partielle qui sépare l'IMP et le PR d'une part, le COND et le FUT d'autre part.

Ces faits de dissymétrie ont été maintes fois observés:

- Le COND (*Il sortirait*) s'inscrit obligatoirement, en dehors du système hypothétique, dans le discours indirect ou le discours indirect libre. Rien de tel au FUT. La phrase *Il sortira* peut rapporter la pensée ou le dire d'autrui (*«A présent, il réfléchit à la conduite à tenir: il sortira, il...»*). Mais il n'y a là évidemment aucune sorte de nécessité. En revanche, quand il s'utilise indépendamment de *si*, le COND se rapporte nécessairement à une image d'univers, à un univers autre que mon univers actuel. Ainsi le COND dit «des journalistes» (*Le Président de la République aurait l'intention de...*) signifie une prise en charge étrangère à l'univers du locuteur («On prête au Président l'intention de...»).

- L'imperfectivité de l'IMP est beaucoup plus marquée que celle du PR. En disant *Il sort*, je laisse entendre que toutes les conditions sont réunies pour qu'il sorte, qu'il est sur le point de sortir, que rien ne donne à penser qu'il ne sortira pas. Je me porte garant de la «sortie», de son départ. S'il ne sort pas, je suis obligé de me reprendre, de rectifier mon dire, de reconnaître que je me suis trompé. *Il sortait* s'interprète fréquemment, au contraire, comme «il allait sortir»: *Il sortait quand on l'appela au téléphone*. Est-il réellement sorti? Rien ne le dit. Le terme du procès est laissé totalement ignoré. De même *Il range sa bibliothèque* ne donne pas à entendre qu'à mes yeux, il ne terminera pas de la ranger. Pour créer cet effet de sens, il me faut l'expliciter — à moins que la situation ne fasse voir l'ironie de mon dire. Naturellement, quelque fait imprévisible peut faire obstacle à l'achèvement. Mais c'est en dehors de mon propos. Au contraire, *Il rangeait sa bibliothèque* s'oppose à *Il la rangea* ou *Il l'a rangée*, et le terme du procès y est volontairement obscurci. On peut dire: *Le train allait partir; mais, hélas, la locomotive était en panne*, plus difficilement: **Mesdames, Messieurs, le train va partir; mais hélas, la locomotive est en panne* (à moins que le changement de locomotive ne soit imminent, auquel cas mieux vaudrait le préciser).

Le PR s'accommode de certaines indications perfectives: *Il est absent jusqu'au 15. Il reste ici pendant un mois.* Les mêmes phrases à l'IMP s'interprètent plutôt comme du dialogue indirect libre.

Par ailleurs, c'est bien banal, l'IMP a des emplois modaux totalement inconnus du PR. *Alors là, le train déraillait!* marque l'irréel (il n'y a pas eu de déraillement). *Alors là, le train déraille!* signifie que le déraillement est inévitable si les conditions ne sont pas modifiées.

Ces faits doivent être pris en compte par la théorie linguistique. Dire que l'axe de l'IMP est un axe d'*inactualité* est assurément exact. Mais il convient de préciser cette notion: quelle différence d'«actualité» sépare *Si Pierre revient* et *Si Pierre revenait*? Quoique la venue de Pierre soit dans le premier cas plus probable que dans le second (où elle est expressément donnée pour possible au plus et non pas pour probable), n'y a-t-il pas cependant *inactualité* dans la phrase au PR?

Comment relier les faits qu'on vient de rappeler à l'opposition actuel/ inactuel? Pour en rendre compte, on formulera l'hypothèse que la prise en charge n'est pas la même dans le PR et dans l'IMP (et conséquemment dans le FUT et dans le COND). Nous avancerons l'idée que le PR relève entièrement du temps *de dicto* actuel, à la fois par ω et par α, c'est-à-dire que le locuteur prend en charge, dans son univers actuel, aussi bien α que ω et qu'au contraire, dans l'IMP, la prise en charge se limite à ω, α relevant dans ces conditions d'une image d'univers. On est ainsi conduit à la structure suivante:

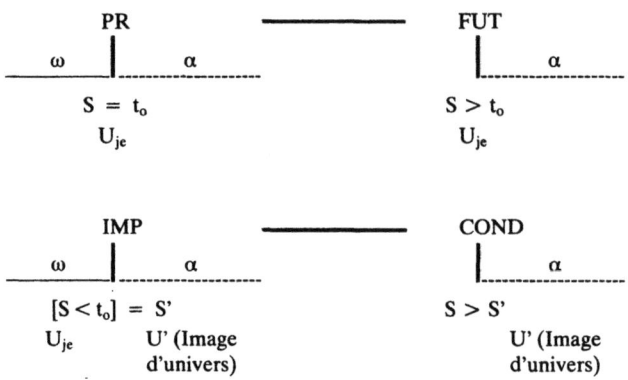

L'IMP reconstruit certes, dans le passé, une structure de PR. Mais pour recréer l'incertitude de l'avenir, le locuteur doit se comporter comme s'il ignorait la suite, faire renaître, au moment du temps considéré, une situation d'expectative comparable à l'avenir — mais qui n'est pas l'avenir — et qui est donc en dehors de sa prise en charge actuelle. L'inactualité dont il vient d'être question est, plus précisément, une inactualité de prise en charge de la partie α qui, *de dicto*, s'inscrit non dans l'univers actuel du *je*, mais dans une image d'univers: image de mon propre univers dans le passé, ou, en cas de discours indirect, image de quelque autre. A utiliser deux demi-plans U et U', la représentation sera la suivante:

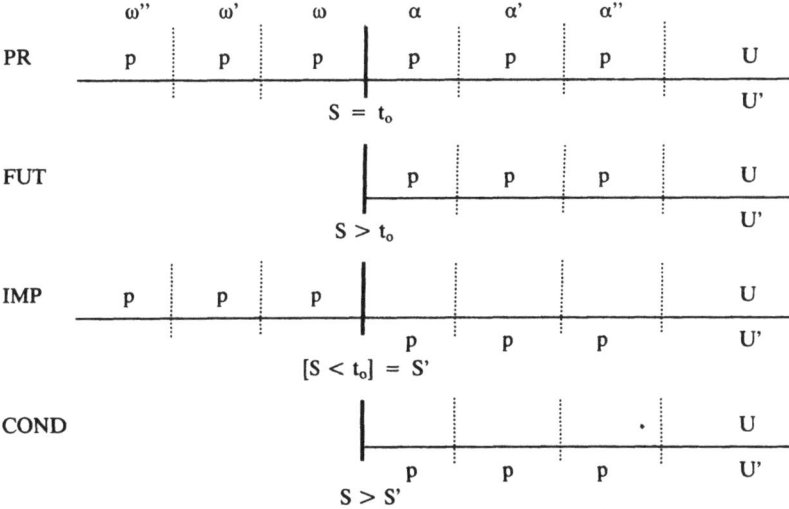

II. Conséquences

Cette conception paraît avoir une assez grande puissance explicative, pour l'IMP, pour le COND par opposition au FUT, et aussi pour le PR.

1. L'imparfait

a) Type *Il sortait quand...*: la partie α d'IMP (où se situe le seuil interne du verbe transformatif *sortir*) n'étant pas prise en charge dans mon univers actuel, le terme du procès échappe à toute assertion. Il appartient à une image qui comporte en elle l'incertitude d'un avenir que le locuteur n'assume pas.

A la limite, l'IMP est tout à fait compatible avec une situation où le locuteur sait qu'en α, p est faux. *Elle retrouva son portefeuille. Un gros pot de fleurs le cachait.* Au moment de la découverte du portefeuille, le pot de fleurs ne le cache plus. Du moins aurait-il pu se faire qu'il le cachât plus longtemps. Possibilité évoquée dans quelque image d'univers.

b) Type *Alors là, le train déraillait!*: quelque circonstance a fait que le train n'a pas déraillé. Le α d'IMP, de l'ordre du possible dans un temps *de dicto* révolu — dans quelque image d'univers — est devenu contrefactuel dans mon univers actuel. La distinction entre univers et image d'univers rend donc compte commodément de cet usage: possible dans l'image d'univers, *p* est, contextuellement, donné pour faux dans mon univers actuel.

Dans le type *Comme s'il pouvait comprendre!*, le PR est exclu parce qu'on se situe d'emblée dans l'irréel qui ne se conçoit pas en dehors d'une image d'univers. Le même commentaire vaut pour les types apparentés: *Si je savais écrire comme toi!, Si au moins elle l'aimait...*

c) Type *Deux minutes plus tard, il retournait l'arme contre lui-même et se tuait* (imparfait dit «pittoresque»): dans l'image d'univers associée à α, *p* est seulement possible; dans mon univers actuel, je sais qu'il a retourné l'arme contre lui-même et qu'il s'est tué; *p* y est vrai.

d) Type *Il travaillait chez Renault*. Cette phrase laisse entendre ou bien qu'il ne travaille plus chez Renault ou bien que j'ignore s'il y travaille encore[3]. (Notons que dans: *Je travaillais chez Renault*, l'interprétation est forcément celle de rupture, car je ne peux pas ignorer s'il en est toujours ainsi ou non). Si je sais qu'il travaille toujours chez Renault, il me faut, sous peine de tromperie, le signaler de façon ou d'autre[4]: *Il travaillait déjà chez Renault*. Ces faits se comprennent aisément: le α d'IMP peut s'étendre jusqu'à t_0; au-delà — sauf ignorance —, je dois le reverser à mon univers actuel; de l'image d'univers, je me trouve reconduit à l'univers lui-même.

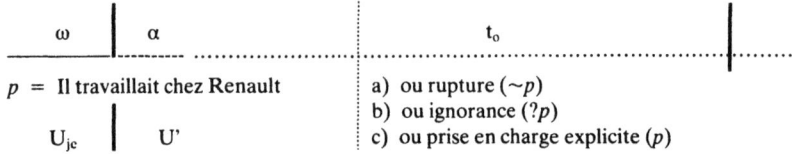

p = Il travaillait chez Renault   a) ou rupture ($\sim p$)
b) ou ignorance ($?p$)
U_{je} U'   c) ou prise en charge explicite (*p*)

N.B.[1] Le type *Tu disais que Pierre était à Paris* peut équivaloir à *Tu disais que Pierre est à Paris*. La différence est subtile, et il se peut que l'IMP se justifie exclusivement par l'harmonie avec la principale. Il s'agirait d'un fait d'accord syntaxique sans plus. Une nuance de sens paraît cependant séparer les deux phrases. Certes dans l'un et l'autre cas, le locuteur ne dit pas explicitement ce que lui-même présume de la vérité de «Pierre être à Paris». Il se borne à rapporter le dire d'autrui. Mais il semble qu'en utilisant le PR, il se présente comme disposé à acquiescer, alors que le recours à l'IMP cantonne plus exclusivement la proposition dans l'univers évoqué – dans une image d'univers — et cette distance peut faire naître une vague impression dubitative.

N.B.[2] O. Ducrot (1979) a montré l'affinité de l'IMP et du thème: dans *L'année dernière je déménageais*, le procès à l'IMP caractérise l'année dernière. Il semble que l'hypothèse ici formulée rende compte de cette affinité: grâce à l'IMP, l'année dernière est située pour partie dans l'univers du locuteur (ω), pour partie dans une image d'univers (α). L'indication temporelle en acquiert une expansion maximale (et la phrase signifie, non pas qu'à un moment donné, appartenant à l'année dernière, j'ai déménagé, mais que cette année a été celle de mon déménagement, que ce déménagement la caractérise).

2. Le conditionnel

L'hypothèse que le COND vient d'un évidement d'IMP trouve aussi, semble-t-il, une base meilleure. Si ω disparaît, il ne reste que α, dont on a dit qu'il était lié, dans l'IMP, à une image d'univers. On ne s'étonne pas ainsi de l'affinité constatée avec le discours indirect :

Le COND est le temps par excellence, en dehors de l'usage avec *si*, du changement d'univers[5]. On conçoit aussi la différence entre le système hypothétique «*si* PR-FUT» et le système «*si* IMP-COND». *S'il vient, nous ferons...* ne dit rien de la probabilité de sa venue; *si* suspend le ω de PR et le procès est simplement placé dans les mondes possibles. Le même mécanisme vaut pour l'IMP. Mais ce qui reste (α) appartient forcément à une image d'univers, et l'on comprend que cette distanciation par rapport à mon univers actuel conduise au sentiment d'une probabilité faible.

3. Le présent

Le α de PR est tout à fait compatible avec l'idée de certitude, de même que le FUT[6]. *Je m'en vais* ne donne d'aucune façon à entendre qu'il y a quelque incertitude à mon départ. Dans le PR dit «de reportage», l'énonciation de l'événement B qui suit celle de l'événement A confirme cette dernière et fait comprendre que le procès A est allé à son terme. Une indication scénique comme celle-ci: *Il sort quand le téléphone sonne* peut certes faire hésiter sur la chronologie des deux faits (la sortie et la sonnerie du téléphone), mais il paraît difficile de comprendre que le personnage en question est seulement sur le point de sortir et qu'en fait il ne sort pas. De même dans le PH s'impose l'obligation de clore. La phrase *Hier soir, je prends le métro à Odéon* est peu acceptable isolément. L'interlocuteur aura tendance à demander: *Et alors?* Il est vrai qu'un tel énoncé n'est pas tout à fait incompatible avec une situation où, de fait, je n'ai pas pris le métro (*Hier soir, je prends le métro à Odéon et je m'aperçois que j'ai laissé ma serviette au bureau. J'y suis retourné aussi vite!*). Mais la suite obligée du récit lève l'hésitation. Toutes ces caractéristiques trouvent leur explication dans le fait que, normalement, le locuteur prend α en charge comme il le fait de ω.

N.B. Le PS, qui est réservé à l'événement passé, se trouve en tant que tel pris en charge dans l'univers du locuteur. Si l'on veut bien accepter d'altérer radicalement la théorie guillaumienne des «chronotypes», on dira que le PS ne comporte que ω, clos sur lui-même, perfectif si l'on préfère. L'absence de α situe ce temps grammatical sur l'axe du PR et le rend étranger à toute valeur modale. On peut l'utiliser après *si* (*S'il en fut*), mais à condition de donner à *si* la valeur de «S'il est vrai que». La différence fondamentale entre PS et IMP est aussi celle de la «globalité» (PS = ω) et de l'analyse (IMP = $\omega + \alpha$). Il s'y ajoute, mais ce n'est pas notre propos, que le seuil interne de l'IMP (S < t_o), présupposé pour l'analyse en ω et α, a un caractère anaphorique, ce qui lui confère dans le récit un statut d'immobilité, là où le PS contribue à la progression.

On voit le bénéfice que peut procurer la notion de temps *de dicto* définie comme le temps, non pas de l'énonciation, mais de la prise en charge de l'énoncé. Là où les opérateurs *de re* situent temporellement, à l'intérieur des univers de croyance, les données du monde, le temps *de dicto* est celui de l'évolution, inéluctable, de ces univers eux-mêmes. Au fil du temps, les univers se modifient — parfois jusqu'à la contradiction — et l'univers devient image d'univers, de même que sont images les univers d'énonciateurs dont le locuteur donne une représentation. Le passage à l'image est prévu par la langue elle-même, éventuellement jusque dans le système des temps grammaticaux. C'est le cas en français, comme on a essayé de le montrer.

NOTES

[1] Coseriu 1976; Vet 1980; Wilmet 1976...
[2] V. la table des abréviations en tête de volume.
[3] M. Wilmet (1976, 95) cite cet exemple de G. Simenon, *Œuvres complètes* XIII, 531 :
- *C'était exact.*
- *Ce ne l'est plus?*
- *Je ne sais pas.*
[4] Ne serait-ce que sous forme de présupposition : *Je savais que* présuppose que je le sais encore.
[5] *LS*, 135-139.
[6] *LS*, 127-133.

CINQUIEME PARTIE

Quantification sur les univers de croyance.

De la vérité subjective à la vérité analytique

Chapitre X
La notion d'univers de croyance dans la définition du nom propre[*]

Alors que les précédentes parties étaient consacrées au contenu, à la structure et à la fluctuation des univers de croyance, celle qui s'ouvre les considère comme des objets quantifiables : telle proposition sera admise dans un seul univers, telle autre dans plusieurs, telle autre encore dans tous. Ce premier chapitre voudrait en montrer le bénéfice dans l'approche du nom propre (NP).

Longtemps restée l'apanage des logiciens, l'étude du NP suscite depuis peu l'intérêt des linguistes, notamment en France. A preuve le numéro 66 (juin 1982) de la revue *Langages* et la thèse de G. Kleiber[1], qui fait le point de toutes les conceptions qui ont pu être défendues. Rappelons surtout *Naming and Necessity* (1972) de S. Kripke, récemment traduit par les soins de P. Jacob et F. Récanati sous le titre de *La Logique des noms propres*. Comme on sait, l'idée kripkéenne du « désignateur rigide » est venue de la critique des hypothèses de B. Russell sur les « descriptions déguisées », elles-mêmes nées d'une réaction contre les thèses de S. Mill qui font du NP une « constante individuelle ». C'est ce chemin que, pour la clarté, on reparcourra rapide-

---

[*] Ce chapitre reprend sous une forme légèrement modifiée (surtout dans II B) une contribution à *Linx* 1983. Depuis sa rédaction est paru l'important ouvrage de Marc Wilmet (*La détermination nominale*). Il n'a plus été possible de tenir compte de l'interprétation, à beaucoup d'égards novatrice, qui y est proposée du nom propre.

ment, en faisant un sort aussi à la théorie du «prédicat de nomination», reprise et approfondie par G. Kleiber. Toutes ces conceptions révèlent du NP des traits essentiels. Il ne semble pas cependant qu'aucune soit pleinement satisfaisante. Ce que l'on voudrait essayer de montrer, c'est que la notion d'univers de croyance est peut-être de nature à fournir le ciment nécessaire à leur synthèse.

I. Conceptions exemplaires du nom propre

A. *De Stuart Mill à Saul Kripke*

S. Mill défend ce qu'on peut appeler la «conception classique» du NP. Vide de «connotation» (au sens logique, c'est-à-dire vide de sens ou, si l'on préfère, d'intension nulle), sans contenu «descriptif», celui-ci a pour seule fonction de référer à un individu[2]. Il apparaît comme le signe par excellence de la «constante individuelle». *Paul Durand* réfère à l'individu appelé «Paul Durand», au seul x qui, sauf homonymie, porte ce nom. Le nom lui-même n'apporte sur l'individu ainsi appelé aucune sorte d'information: si l'on évoque devant moi Paul Durand, je ne saurai rien de lui, sauf information complémentaire, que précisément son nom. Le NP étymologiquement motivé (Dartmouth situé sur la Dart)[3], de même que le sobriquet, peut fort bien fonctionner même si j'ignore la motivation, en l'occurrence si je ne sais pas que la Dart est une rivière ou bien si son cours a été détourné ou encore si Dartmouth ne se trouve d'aucune façon sur la Dart et que c'est par erreur qu'on l'a ainsi nommée. L'homonymie elle-même apparaît comme un «accident»; c'est du moins en ces termes qu'on en traite classiquement depuis Port-Royal[4].

Cette conception pourtant ne va pas sans difficulté. La possibilité d'utiliser le NP avec un déterminant reste inexpliquée dans la thèse de S. Mill: *Aujourd'hui 29 juillet, c'est la fête des Marthe. Demain ce sera celle des Juliette. Un certain Paul Durand est venu me voir. Je n'oublie pas le Strasbourg de mon enfance.* On ajoutera que si la «constante individuelle» n'est que le nom de l'individu unique, rien ne permet de faire d'un nom comme *terre* (au sens de «planète sur laquelle nous vivons»), un nom commun (NC). La cohérence oblige d'y voir des NP, et c'est bien ce que font bon nombre de logiciens, au même titre que dans *le Nil* ou *le Pôle Nord*. Mais une telle analyse, linguistiquement appropriée dans certains états de langue (ainsi pour l'ancien français), ne correspond d'aucune façon au sentiment des francophones d'aujourd'hui. D'ailleurs aucun lexicographe ne s'y trompe: le dictionnaire enregistre *terre* mais certainement pas *Nil*[5].

Il y a plus grave encore: un argument très fort contre S. Mill, exploité par G. Frege et B. Russell, vient des prédications d'identité. Si le NP n'était qu'un nom d'individu, alors l'identité «a = b» ne serait que l'affirmation tautologique qu'un objet est identique à lui-même ou bien l'affirmation d'équivalence de deux noms. Or, le policier qui découvre que le sinistre individu qui signe ses meurtres par «Jeannot-la-Joie» n'est autre que «Guigui-la-Terreur», instigateur du gang redouté des «tractions avant», ce policier n'aura pas peu contribué au progrès de l'enquête! Qu'on ne lui dise pas, de grâce, qu'il n'affirme là que l'équivalence de deux noms! Il en tremblerait de dépit, car il sait parfaitement que Guigui-la-Terreur ne lui échappera pas. En disant que Jeannot-la-Joie n'est autre que Guigui-la-Terreur, il apporte une révélation, à laquelle il est navrant que la thèse du NP vide de sens soit incapable de faire justice.

On comprend dès lors que Frege et à sa suite Russell aient préféré donner du NP une analyse en termes de prédicats. Pour Russell, le NP n'est pas autre chose qu'une «description déguisée»[6]. *Aristote*, p. ex., sera une façon de désigner «le précepteur d'Alexandre», *Paris*, «la capitale de la France» et *Paul Durand*, «mon ami d'enfance». Pourtant une telle approche entraîne également plus d'une difficulté. Comment penser qu'Aristote n'aurait pas été Aristote s'il n'avait pas été le précepteur d'Alexandre? Avouons que Paris n'en serait pas moins Paris si le gouvernement, dans un louable effort égalitariste, en venait à décider que la qualité de capitale aura désormais un caractère rotatoire. Quant à Paul Durand, ami ou pas ami, il est Paul Durand, quoi qui lui arrive. De surcroît si le «précepteur d'Alexandre» était vraiment le sens de *Aristote*, alors *Aristote est le précepteur d'Alexandre* serait une tautologie, ce qui n'est nullement le cas. Pour que la «description déguisée» soit pertinente, il faudrait qu'elle représente une propriété essentielle, dont on ne puisse pas imaginer que l'individu qui la possède ne la possède pas. Or aucune propriété ne paraît échapper, dans le NP, aux hypothèses contrefactuelles. Si Aristote avait été spartiate, s'il avait vécu deux siècles plus tôt ou deux siècles plus tard, s'il n'avait pas été philosophe, s'il n'avait pas rencontré Pythias, que sais-je, il n'en serait pas moins Aristote. La version atténuée de la théorie, formulée par Searle (et déjà suggérée par Wittgenstein[7], à savoir que le contenu du NP est une disjonction sur un faisceau de propriétés), ne lève pas entièrement l'objection, car rien n'empêche d'évoquer un monde où l'individu n'aurait aucune des propriétés que nous lui connaissons: si Aristote n'était pas né en Macédoine, s'il n'avait pas été le précepteur d'Alexandre, s'il ne s'était pas occupé de philosophie... Dès lors qu'on entre dans l'imaginaire (le contrefactuel), aucune propriété, aucun faisceau de descriptions ne résiste à la négation possible.

La seule possibilité est qu'Aristote ne soit pas Aristote. Quelqu'un d'autre aurait pu être le précepteur d'Alexandre, le plus grand philosophe de l'Antiquité, le meilleur disciple de Platon... Personne d'autre n'aurait pu être Aristote. On n'accepte pas de dire: *Si quelqu'un d'autre avait été Aristote...* Certes, le langage naturel offre des formes qui paraissent s'inscrire en faux même contre ce principe de l'identité de l'individu à lui-même. Par exemple, on admet fort bien *Si j'étais vous*. Mais ce n'est là qu'une façon de dire «si j'étais à votre place». Il ne s'agit pas d'identifier une personne à une autre, mais de se mettre dans la situation où elle est. Plus intéressant sans doute est le type *Aristote ne serait pas Aristote*. Un ami à qui je confiais récemment une de mes inquiétudes m'a dit qu'il trouvait bien normal que je l'éprouve. «Vous ne seriez pas vous», ajouta-t-il. Il n'y a rien là d'absurde. Une telle phrase joue sur une des propriétés les plus remarquables du langage naturel, celle de la «lecture sélective floue». Ne plus être soi-même, cela signifie ne plus avoir certaines des propriétés qui, jusque-là, ont pu paraître consubstantielles. Voilà qui ne fait que confirmer que toute propriété peut, dans quelque monde possible, être mise en cause, même celles qui paraissent liées essentiellement à l'individu. Mais il s'agit toujours de propriétés. L'identité référentielle ne peut, quant à elle, être mise en cause. Aristote pouvait être autre qu'il n'a été. Personne d'autre qu'Aristote ne pouvait être Aristote.

C'est précisément l'idée de l'identité référentielle qui est à la source de la notion kripkéenne de «désignateur rigide». Un désignateur est «rigide» s'il désigne le même objet quel que soit le monde où on l'évoque. La référence est fixée dans un monde donné (monde de ce qui est: Aristote est le philosophe qui a étudié sous Platon, qui a été le précepteur d'Alexandre...; ou monde de telle ou telle fiction: Pégase est le cheval ailé né du sang de Méduse...); elle l'est au moyen d'une description quelconque ou d'un faisceau de descriptions. «La description, si elle ne livre pas le sens du nom, détermine sa référence»[8]. Mais une fois les objets identifiés, rien n'empêche, dans d'autres mondes, de mettre en cause même les descriptions qui ont servi à fixer la référence. Et inversement, dans ces mondes possibles, rien ne s'oppose à ce que les objets soient pourvus de propriétés que, dans le monde de départ, ils n'avaient pas. Dans *Si Aristote n'avait pas été macédonien...*, on parle de l'Aristote du monde réel, qui a été macédonien; mais on imagine à son propos qu'il n'ait pas eu cette propriété qu'il a eue. Dans *Si Aristote avait vécu deux siècles plus tard...*, on lui attribue au contraire une propriété qu'il n'a pas eue. Certaines propriétés peuvent bien être essentielles à un objet: ce ne sont pas nécessairement elles qui fixent la référence dans le monde de départ. Il y suffit d'une propriété quelconque. De là, l'individu dont il s'agit peut être, dans les mondes possibles, affublé de toutes les propriétés que l'on voudra. La seule mise en cause exclue est celle de la fixation même de la référence. D'où l'impossibilité de *Si quelqu'un d'autre avait été Aristote...*, alors que l'on admet *Si Aristote avait été quelqu'un d'autre...*, parce qu'une telle forme peut signifier «s'il avait eu d'autres qualités ou d'autres défauts qu'il n'a eus».

Telle est, sommairement résumée et déjà partiellement réinterprétée, l'analyse de S. Kripke. Elle paraît tenir compte de toutes les difficultés évoquées plus haut à propos des hypothèses concurrentes. Cependant on voudrait montrer qu'elle ne fournit pas réellement de critère pour la définition *linguistique* du NP.

B. Du «désignateur rigide» au «prédicat de nomination»

Il est certain que dans les situations contrefactuelles, le NP ne cesse pas de désigner l'objet dont la référence est immuablement fixée dans le monde de départ ou monde référentiel. Mais est-ce là un trait caractéristique du NP? Il n'en est évidemment rien. D'autres syntagmes nominaux peuvent eux aussi désigner «rigidement» (ce que S. Kripke lui-même montre fort clairement, car le NP linguistique lui importe beaucoup moins que le NP logique, c'est-à-dire la description définie).

Supposons qu'un incendie ait rendu méconnaissable la voiture de Pierre. Il en reste ce tas de ferraille, irrécupérable. Rien ne m'empêche de désigner cette épave comme «la voiture de Pierre». Désigné ainsi dans le monde de départ, l'objet dont il s'agit peut continuer à l'être de la même façon, même si en fait il n'a plus grand-chose de commun avec une voiture. De même qu'Aristote, le précepteur d'Alexandre, aurait pu ne pas être ce précepteur, de même la voiture de Pierre aurait pu connaître des sorts variés dont ce tas de ferraille ne réalise qu'un des possibles.

Supposons encore que je revoie chez un antiquaire ma table de salon. En fait c'était ma table de salon; elle pourrait encore l'être si mes affaires n'avaient pas si misérablement tourné; mais elle ne l'est plus. La référence de l'objet s'opère dans un monde, le monde de départ, où il est effectivement ma table de salon. De là la référence se transmet à des mondes distincts, exactement comme pour le NP. Le policier qui appelle «Jack l'éventreur» le criminel qu'il ne parvient pas à identifier peut se dire: «Si Jack l'éventreur n'avait tué personne, je serais en ce moment en vacances comme tout le monde»[9], auquel cas Jack l'éventreur ne serait plus éventreur du tout. De même ma table de salon peut n'être plus du tout dans mon salon ou bien je peux parfaitement l'imaginer ailleurs.

On multiplierait aisément les exemples: songez à tel ou tel Président de la République qui aurait fort bien pu ne pas être président du tout, à la voiture de Pierre qui aurait pu ne pas appartenir à Pierre, ou au chapitre que je suis en train d'écrire et auquel la tentation me vient obstinément de renoncer.

Mais il y a plus. Si la désignation non rigide se reconnaît dans le type *Il veut épouser une Portugaise*, alors sera troublante la phrase *Il voudrait épouser une Emilienne*. Si c'est dans le type *Une Portugaise ne craint pas le travail*, alors pourquoi pas *Une Emilienne ne craint pas le travail*? De surcroît, il y a même quelque «rigidité» dans des énoncés de cette nature. Devant un tas de ferraille, je peux dire que c'est une voiture qui a brûlé, c'est-à-dire utiliser une description indéfinie. Il est vrai que dans une telle phrase *un* fonctionne comme morphème de l'indétermination: il s'agit d'un objet unique, précis, dont l'existence dans le monde de ce qui est n'est pas en cause. Mais rien n'empêche d'imaginer des cas d'indéfinition véritable (ou du moins de *«potentialité»*). On peut être à la recherche d'une 2 CV accidentée, en fait d'une épave de 2 CV, de ce qui était une 2 CV et qui ne l'est plus. Voyez aussi cette question: Une maison qui a brûlé, qui est devenue inhabitable, qui est vouée à la démolition, est-elle encore une maison? Je peux désigner comme une bouteille une bouteille cassée, c'est-à-dire quelque chose qui n'est plus une bouteille du tout. Une table à laquelle on a scié les pieds est-elle encore une table? Comment interpréter tout cela si ce n'est en formulant l'hypothèse que la référence est fixée dans quelque monde de départ et que de là elle se transmet rigidement à d'autres mondes possibles?

Ce qui en tout cas paraît assuré, c'est que ce phénomène de *rigidité*, quelque définition qu'on en donne, n'est pas caractéristiquement lié au NP. Si le «désignateur rigide» est celui qui s'étend d'un monde de départ à d'autres mondes possibles, alors le phénomène de rigidité affecte d'autres types de syntagmes nominaux. Le seul cas sûr de non-rigidité, et dont le NP est effectivement exclu, est illustré par un exemple comme celui-ci: *Le Président de la République est le chef suprême des Armées* (il l'est en tant que tel, indépendamment de la personne dont il se trouve qu'elle est le Président de la République).

Au demeurant le désignateur rigide explique difficilement l'apparition du NP avec des articles (*Un certain Paul Durand*; *la fête des Paul*). C'est essentiellement pour rendre compte de ces cas que G. Kleiber a opté pour la théorie du «prédicat de nomination»[10]. A ses yeux, le NP *Paul* véhicule pour seul contenu que le x dont il s'agit s'appelle Paul. En d'autres termes, le NP se décrit ainsi:

x_ι, ETRE APPELE / N / x

où iota (ι) est le signe du «défini».

Un certain Pierre Durand sera interprété comme «un certain x, dont je sais qu'il est appelé Pierre Durand»: et *C'est la fête des Paul* par «c'est la fête des x qui sont appelés Paul».

Il est certain que l'usage de l'article trouve là une excellente justification. On ajoutera aussi que cette conception explique commodément l'impossibilité de *Un Paul est un Paul* (à côté de *Un homme est un homme*): si le contenu du NP se réduit au seul prédicat de nomination, on exclut du même coup toute lecture «sélective» (typique de *Un homme est un homme*, «un homme a forcément telle ou telle propriété de l'homme», la faiblesse? la crainte de la douleur? le besoin de se sentir exister?...).

Cependant, cette hypothèse ne va pas non plus sans obstacle.

1. Elle a l'inconvénient de valoir pour tout nom, y compris les NC. *Le chat*, c'est le x qui est appelé «chat». Ce n'est pas le plus gênant, car on peut évidemment rétorquer que le NP se distingue par toutes les prédications qui s'ajoutent à celle-ci.

2. Plus grave: «la condition de non-circularité est manifestement violée»[11]. En effet, comment faire référence à Aristote si je ne sais d'Aristote que cette seule chose, à savoir qu'il est appelé «Aristote». Autant dire que je fais référence à l'homme auquel je fais référence! Le nom ne suffit pas à l'acte référentiel.

Pour pouvoir recevoir un nom, il faut bien que l'objet puisse être isolé de tous les objets possibles. Cela ne peut se faire qu'au moyen de prédications autres que le prédicat de nomination, qui justement les présuppose[12]. Dans ces conditions, on peut même se demander si, comme dans la thèse de la constante individuelle, la prédication d'identité ne se trouve pas réduite à l'affirmation tautologique de l'identité de l'objet à lui-même ou à l'affirmation d'identité de deux noms.

3. Enfin — c'est la difficulté majeure —, le prédicat «être appelé / N /» ne peut être considéré comme le *sens* du NP. La nomination n'échappe pas à l'arbitraire du signe :

si les tables ne s'appelaient pas «tables», elles n'en seraient pas moins ce qu'elles sont;
de même, *si Marie s'appelait Sophie ou tout autrement encore, elle n'en serait pas moins ce qu'elle est.*

Seule la négation de propriétés essentielles fait que, dans les mondes contrefactuels, ce que, par exemple, on appelle «chaises» ne serait plus des chaises :

si les chaises n'avaient pas de dossiers, elles seraient des tabourets; si elles avaient des bras, elles seraient des fauteuils.

Comment considérer dès lors la dénomination comme une propriété essentielle ?

II. Essai de synthèse et recours à la notion d'univers de croyance

En dépit d'objections, on a vu chemin faisant que toutes ces conceptions rendent compte d'aspects fort importants du NP.

- Comment nier que le NP fonctionne effectivement comme un désignateur rigide ? Indispensables dans le monde de départ pour isoler l'objet à nommer de l'ensemble indéfini des objets possibles, les propriétés individualisantes peuvent ensuite être modifiées, voire annulées dans les mondes possibles. En d'autres termes, dans le monde de départ, certaines propriétés fixent la référence, et cette référence restera stable quel que soit le monde que par la suite on envisage.

- Le NP comporte aussi un prédicat de nomination. Seul un tel prédicat est en mesure d'expliquer l'usage avec le déterminant.

L'ennui, redisons-le, c'est que ces deux traits ne paraissent pas typiquement liés au NP :

- le désignateur rigide ne le distingue pas d'autres syntagmes nominaux, notamment de la description définie;

- le prédicat de nomination appartient de son côté aussi bien au NC qu'au NP. Et il est impossible de le considérer comme un aspect du sens, si l'on veut bien accepter que le sens consiste à sélectionner, parmi les propriétés «essentielles» de l'objet désigné, celles qui sont linguistiquement distinctives.

Tout le problème est de s'entendre sur le concept de «propriété essentielle»: c'est là que nous voudrions faire intervenir les «univers de croyance». On sera conduit ainsi à formuler une hypothèse synthétique sur l'opposition du NC et du NP, que l'on soumettra ensuite à diverses objections possibles.

A. *Hypothèse*

Par «propriétés essentielles», on peut désigner celles qui ne sauraient être différentes de ce qu'elles sont dans les «mondes référentiels». Les variations dans les mondes «non référentiels» s'obtiennent par la distance explicite ou situationnellement perceptible par rapport à un tel monde.

- Ainsi dans la contiguïté temporelle. Le décalage peut aller du passé au présent: qu'on repense à la bouteille cassée, à la table du salon que je revois chez un antiquaire. Il peut aller aussi du présent à l'avenir: on peut dire «voici une 2 CV» dans un atelier de montage où, en fait, on ne voit que des carrosseries de 2 CV pas encore montées sur les châssis.

- Le même mécanisme joue dans la contiguïté contrefactuelle. Toutes les propositions, essentielles ou non, peuvent y être mises en cause. Rien n'empêche de dire:
si les chaises avaient des ailes
si elles étaient en verre
et même:
si les chaises n'étaient pas des sièges
si elles n'avaient pas de dossiers...

Mais en fait, on continue à parler des objets du monde de départ, où les chaises ont des dossiers et où elles n'ont pas de bras, et on envisage à leur propos ce qu'il adviendrait d'eux s'ils n'avaient pas les propriétés qu'ils ont ou si, au contraire, ils avaient des propriétés qu'en réalité ils n'ont pas.

A ce stade du raisonnement, on ne voit toujours pas le caractère typique du NP: dans le «monde référentiel», il exige bien, lui aussi, des propriétés telles qu'aucune confusion n'y soit possible avec les autres objets dénommés. Peu importe que ces propriétés soient ensuite, comme pour le NC, mises en cause dans des mondes contrefactuels ou temporellement contigus. En fait, on parle là aussi des objets du «monde référentiel». *Si Aristote n'avait pas été macédonien...*: voilà qui parle de l'Aristote qui, dans le monde de départ (ici le monde réel), est macédonien et à propos duquel on envisage, dans un monde possible, ce qu'il serait advenu de lui s'il ne l'avait pas été [13].

Mais une différence fondamentale ne manque pas d'apparaître dès lors qu'on fait intervenir aussi les univers de croyance. Ce qui distingue essentiellement le NP et le NC, semble-t-il, c'est que les propriétés qui opèrent dans le monde référentiel sont liées de façon contingente aux univers de croyance dans le NP, alors qu'elles le sont de façon nécessaire dans le NC.

Les propriétés, en effet, qui me permettent d'identifier Paul ne sont pas nécessairement celles auxquelles pense mon interlocuteur [14]. La communication est satisfaisante aussi longtemps que le x dont il s'agit présente seul les ensembles de propriétés auxquels chacun pense en ce qui le concerne. Si, dans l'univers du *je*, cet ensemble est I_x et si, dans celui du *tu*, il est J_x, l'acte référentiel sera réussi dès lors que, dans la situation où l'on est,

$\exists! x, (I_x \wedge J_x)$.

Ce qui est sûr, c'est que l'identité
$I_x = J_x$
n'est d'aucune façon exigée.

Il en va tout autrement avec le NC. Si son contenu peut varier *ad libitum* dans des mondes temporellement contigus et plus encore dans les mondes contrefactuels, les locuteurs, en principe, leur affectent, dans les mondes référentiels, des contenus globalement stables. Je dis bien «globalement»: ces ensembles de prédication sont des sous-ensembles flous. Le vague est lié, par nature, aux contenus linguistiques. Et du fait même apparaîtront des fluctuations d'un univers à l'autre. Il demeure qu'elles n'empêchent d'aucune façon l'accord de s'instaurer.

On en vient ainsi à l'idée que le contenu du NC doit se représenter indépendamment des particularités qui séparent les univers de croyance. Soit:

$\forall U, \forall m_r, \forall x,$ si ETRE APPELE / N / $_x$, alors P_x

où m_r est un monde référentiel et où P est le sous-ensemble flou des prédications attachées au x appelé / N /.

Au contraire, le NP véhiculera un ensemble identificatoire de prédications (par exemple «I») tel qu'il existe au moins un univers où cet ensemble correspond, quel que soit le monde référentiel, au seul x qui est censé le posséder :

∃ U, ∀m_r, ∃! x, ETRE APPELE / N / $_x$ ∧ I_x

Faut-il dire qu'une telle hypothèse ne va pas non plus sans obstacles ?

B. *Discussion*

L'idée que le NP, sans être vide de *contenu*, est vide de *sens*, aucune des prédications qu'il véhicule n'étant vérifiée dans tous les mondes possibles de tout univers de croyance où ce NP est admis, a assurément l'avantage de laisser prévoir diverses propriétés caractéristiques du NP.

1. Le NP n'est pas vide de *contenu*.

a) Il peut en effet s'accommoder d'usages rhétoriques divers[15], par exemple :

- de métonymie (*Il relit Pascal*) ;
- de métaphore (*C'est Machiavel en personne* : identification objectivement fausse mais justifiée par des propriétés communes) ;
- ou d'exemplification (*Un De Gaulle ne recule pas devant la menace* : « un homme comme De Gaulle... »).

b) Le NP se prête aussi à l'antonomase et fonctionne alors comme un NC (*grandet* au sens d'« homme avare »)[16]. A partir des propriétés spécifiques d'un individu, il se crée un ensemble stable à travers les univers, comme pour tout autre NC. Mais on observera que l'hypothèse de la variabilité du NP n'en est pas affectée : ce NC n'est pas forcément relié, dans les univers qui le possèdent, au NP dont il est issu (on peut savoir qu'un grandet est un homme avare sans nécessairement connaître le personnage de Balzac ; inversement Charles Grandet a pu savoir qui est le Père Grandet sans lui attribuer la propriété de l'avarice). Il n'en est pas ainsi de la « description définie » qui véhicule forcément l'ensemble stable des prédications attachées au NC.

2. Le NP est vide de *sens*.

a) Il n'admet pas l'usage «générique» de l'article *le* : la valeur «intensionnelle»[17] de celui-ci s'y oppose. Ainsi la «psychologie des NP» peut faire admettre : *Les Jeanne sont des êtres doux et serviables*, mais certainement pas : * *La Jeanne est un être doux et serviable*.

b) Le NP ne connaît pas non plus l'usage «potentiel» («usage attributif flottant» de G. Kleiber[18]), le seul qui en ferait un désignateur «accidentel» et non pas rigide : *Le Président de la République est le chef suprême des Armées* vaut (dans la lecture «potentielle») pour tout individu qui est président de la République : la référence se détermine dans les mondes possibles pris un à un. En revanche, *F. Mitterrand est le chef suprême des Armées* n'a qu'une seule lecture, la lecture référentielle (rigide) : l'absence de sens ne permet pas de fixer la référence de *F. Mitterrand* dans des mondes possibles ; sa référence est forcément déterminée dans le monde m_o et de là, éventuellement, elle se transmet, rigidement, à des mondes possibles. On notera que le seul cas de « flottement » imaginable est de nature épistémique : supposons que j'ignore qui se cache sous le pseudonyme d'*Amédée Hugo*. Je puis dire «*Amédée Hugo*» *(quel qu'il soit) est génial*, comme je dirais que *L'auteur du* Rolant *(quel qu'il soit) est génial* : mais il y a alors hésitation sur l'identité et non pas usage «potentiel», car la référence de *Amédée Hugo*, pour vague qu'elle soit, s'opère dans m_o[19].

Toutes ces données viennent donc conforter l'hypothèse formulée. Il n'en demeure pas moins que les objections possibles sont au moins de deux sortes :

1. Dans le NC, l'universalité ($\forall$ U) demande quelque commentaire.

2. Dans le NP apparaissent aussi divers aspects de contenu dont il ne semble pas qu'ils soient dépendants des univers de croyance.

1. Nom commun et invariance dans les univers

Certains emplois ont tout l'air de s'inscrire en faux contre l'invariance du NC dans les univers de croyance. Ainsi ce joli titre d'une autobiographie : *La nostalgie n'est plus ce qu'elle était*[20]. L'article de généralité donne à penser que ce qu'on appelle «nostalgie» varie dans le temps. Est-ce à dire cependant que la définition même de *nostalgie* s'en trouve modifiée ? La nostalgie aurait-elle cessé d'être le regret de ce qui a été et qui n'est plus ou de ce qui n'est pas mais qui aurait pu être ? Ce n'est sûrement pas ce que l'auteur veut dire. Si la nostalgie n'est plus ce qu'elle était, c'est seulement sans doute que les «objets» de nostalgie ne sont plus les mêmes (on n'est plus nostalgique pour les mêmes raisons) ou bien que la façon dont la nostalgie se manifeste a changé (on extériorise moins ce sentiment ou on ne l'extériorise plus de la même manière) ou encore que les mêmes personnes ne sont plus nostalgiques (nostalgie féminine, nostalgie du vieillard, que sais-je?). Rien de tout cela ne met en cause le contenu définitionnel. A cet égard, la nostalgie est ce qu'elle a toujours été. Seules varient des propriétés non génériques. Il est vrai qu'on peut imaginer que ce contenu lui-même en vienne à varier, par exemple si la nostalgie désignait la volonté de puissance ou quelque état d'ivresse. Mais alors la langue elle-même en serait modifiée et du fait même le savoir de ceux qui la parlent. Bref, la modification affecterait dans ce cas l'ensemble des univers de croyance.

On ne peut certes pas dire que le contenu des NC appartienne à tout univers de locuteur compétent. Tous les mots d'une langue sont loin d'être connus de tous les locuteurs qui la parlent. Il est bien évident aussi que la communauté linguistique est formée de sous-groupes variés qui tous manient des vocables qui leur sont propres. Mais dans tout univers auquel le mot appartient, il a même contenu. Un exemple entre mille : nous avons dans la famille un chat aimé de tous, un chat adorable, plein de tendresse et de prévenance. Son unique défaut (qui en est dépourvu?) est de tenir à ses habitudes comme un vieux garçon. Pas question de se lever dix minutes plus tard : monsieur veut être servi à 6 h 30. Impossible d'étaler ses fiches sur le bureau : monsieur estime que les deux tiers sont à lui et il ne manque pas de balancer hardiment à terre tout ce qui lui paraît empiéter sur son territoire. Le moindre écart est relevé avec insistance, à telle enseigne que ces habitudes sont devenues chez nous des *chatbitudes*. Et voilà un vocable dont il faut bien reconnaître qu'il ne va pas au delà de la famille. Et pourtant il a, comme tout NC, des prétentions d'universalité. Qui sait? Pour peu que l'amour des chats en vienne à démesurément s'amplifier, et *chatbitude* fera son chemin. Le NC, par nature, tend à appartenir indistinctement aux univers de croyance des locuteurs compétents. Et surtout, si *chatbitude* n'appartient pas à tout locuteur du français, tout locuteur qui connaît ce vocable, y mettra le même contenu (selon le principe de décidabilité défini au chapitre I).

Appeler *bourgeois* « celui qui pense bassement », c'est proposer un signifié que l'on voudrait imposer (ou que l'on feint de vouloir imposer) à l'ensemble des univers de croyance. A la limite, il peut s'agir sans plus d'un jeu : *Côtelette, je t'appellerai « poisson »*. Le principe de généralisation n'en est pas moins sous-jacent.

Répétons qu'à cet égard, la différence est grande avec le NP. Certes, *Paris* (quelle qu'en soit la prononciation) peut appartenir à des locuteurs de langues fort diverses, de même que *Washington*, *Tokyo* ou *Vladivostok*. Inversement *Paul Durand* n'est sans doute connu que d'un nombre fort limité de personnes. Mais, pour parler de Paul Durand, il suffit que locuteur et interlocuteur soient en mesure de l'identifier. Il se peut que le savoir de l'un sur Paul Durand soit distinct du savoir de l'autre. Disons que l'intersection si elle existe n'est nullement prévisible : il suffit qu'elle soit telle qu'elle garantisse la référence au même être.

Bref, le NC, en principe, ne varie pas d'un univers à l'autre. De même que les propositions ne sont pas décidables dans tous les univers de croyance, de même le NC n'appartient pas à tout univers; du moins a-t-il même profil dans tout univers où il apparaît. Au contraire, le NP, indépendant de la langue en tant que telle, n'est lié à aucun contenu stable et il est indépendant, du fait même, des connaissances linguistiques. Celles-ci n'en sont pas moins modifiables. Ce que nous appelons aujourd'hui *atome*, même si le contenu en est vague pour le non-spécialiste, n'est pas ce qu'au début du siècle on appelait ainsi. On pourrait découvrir, comme l'imagine S. Kripke, que l'or n'est pas jaune et que les tigres, sous les mêmes apparences, ne sont pas les animaux que nous croyons et cependant continuer à parler d'or et de tigres[21]. Au lieu que changent les objets à travers les mondes, ce qui changerait, c'est la connaissance que nous en avons. C'est notre savoir à leur propos qui s'enrichit ou se transforme, le savoir de toute une communauté linguistique.

2. *Nom propre et variation dans les univers*

Une autre objection à notre hypothèse vient des traits invariants qu'il n'est pas impossible de reconnaître dans le NP. Non pas le «prédicat de nomination» dont on a vu qu'il ne relevait pas du sens. Mais incontestablement le NP n'est pas étranger à la sous-catégorisation. Du fait même l'onomastique distingue les anthroponymes et les toponymes et, parmi ces derniers, des hydronymes (noms de rivières, de lacs...), des odonymes (noms de voies, de routes...), des oronymes (noms de montagnes...), etc. Il est certain que *Pierre Dubois* ne peut guère être le nom que d'une personne de sexe masculin, *Sophie Dubois* d'une personne de sexe féminin[22].

A vrai dire ces traits n'ont pas la même stabilité que dans le NC. *Marie-France* peut être le nom d'une femme, d'une revue, d'un parfum, d'un bateau, pourquoi pas d'une locomotive et de bien d'autres choses encore. A telle enseigne qu'on a pu formuler l'hypothèse[23] que ces traits, contingents, n'étaient acquis qu'à la faveur du contexte. Au demeurant, dans le NC, la sous-catégorisation peut également se modifier, notamment dans le passage au figuré.

Plus importante est l'objection qui se fonde sur l'existence de civilisations où «l'individu reçoit, dans les jours ou les mois qui suivent sa naissance, un ou plusieurs noms fixes (qui signalent son statut natal, son degré de séniorité, *etc.*) puis, au cours de son existence, il se voit attribuer d'autres noms qui signalent chacun une modification de sa position statutaire»[24]. Dans un tel cas, assurément, le NP se charge de sens. Il n'en reste pas moins que pour être distinctif et pour nommer de manière univoque, il y faut des traits liés à l'individu de façon particularisante. C'est l'existence de tels traits, sans caractère d'universalité, qui font le contenu typique du NP. La situation est comparable au fonctionnement des numéros d'immatriculation de la Sécurité sociale. Dans «2 62 08 54 395 228», il s'agit d'une personne de sexe féminin (2), née en août 1962 (62 08), en Meurthe-et-Moselle (54), à Nancy (395). Mais le «228» de la fin n'a pas d'autre rôle que celui de l'identification univoque parmi toutes les personnes nées le même mois au même lieu. Un personnage de roman policier peut fort bien s'appeler *Jeannot-le-Borgne*, justement parce qu'il est borgne. Ce NP ne sera pas dépourvu de sens. Mais l'essentiel est dans ce fait que *Jeannot* est censé identifier l'individu dont il s'agit parmi tous les borgnes possibles.

Pour saisir mieux ce prédicat nécessaire d'identification, variable dans les univers, que l'on compare les deux phrases suivantes :

(1) *J'ai fait venir le plombier*
(2) *J'ai fait venir Pierre Dubois.*

Supposons que l'interlocuteur ne sache rien de ce plombier, ni son nom, ni son adresse, encore moins son âge, sa façon de vivre, que sais-je, le nombre de ses enfants. Bref ce plombier est pour lui un inconnu. Et pourtant il peut parfaitement se satisfaire de l'énoncé (1). L'article *le* laisse entendre que l'information fournie est jugée suffisante, soit pour l'identification de l'objet, soit pour la seule «plénitude référentielle», atteinte dès lors qu'il n'y a pas lieu d'en savoir plus pour l'information qu'on cherche à transmettre.

Supposons maintenant que l'interlocuteur ne sache rien de Pierre Dubois. Si la communication doit se poursuivre après l'énoncé (2), il est impensable qu'il ne demande pas qui est ce Pierre Dubois. Des prédications identificatoires s'attachent obligatoirement au NP. Le vide à cet égard n'est pas un état tolérable.

A vrai dire, il s'agit plus précisément de ré-identification[25]. L'énoncé *Vous ne voudriez pas me présenter à la petite dame au chapeau vert* laisse entendre que les indications fournies suffisent à l'identification, même si l'interlocuteur ne sait rien d'autre de cette dame. Mais *Vous ne voudriez pas me présenter à Sophie Dubois* n'a de raison d'être que si l'interlocuteur en sait plus de Sophie Dubois que cette seule chose qu'il existe quelqu'un qui s'appelle Sophie Dubois et que je voudrais lui être présenté.

On dira donc du NP qu'il peut être partiellement chargé de contenu, définissable au moyen de la forme

$\exists\, U, \forall m_r, \exists!\, x,$ ETRE APPELE / N / $_x \wedge I_x$

qui signifie que le prédicat d'identification I est lié à tel ou tel univers de croyance, c'est-à-dire qu'il n'appartient pas à tous les univers et qu'il est indépendant du fait même des contenus durablement véhiculés par la langue.

3. Fonction référentielle et univers de croyance

Faute d'avoir opéré la distinction entre univers de croyance et monde possible, S. Kripke (de même d'ailleurs que G. Kleiber) avancent des arguments qui peut-être n'ont pas toujours la force que ces auteurs leur attribuent. Voyons le cas, longuement développé par S. Kripke[26], de « Gödel, c'est Schmidt ». « Supposons qu'en réalité Gödel ne soit pas l'auteur du théorème dit de Gödel. En fait, c'est l'œuvre d'un homme du nom de Schmidt, dont on a découvert le corps à Vienne, il y a des années, dans des circonstances mystérieuses. Son ami Gödel s'est approprié le manuscrit d'une façon ou d'une autre, et on lui en a depuis attribué la paternité... Puisque l'homme qui a découvert l'incomplétude de l'arithmétique est en fait Schmidt, alors, quand nous parlons de « Gödel », c'est à Schmidt qu'en fait nous faisons référence ». Ce raisonnement (qui vise à ébranler les conceptions russelliennes des descriptions déguisées) souffre de ne pas s'appuyer sur la notion d'univers. Ne s'agit-il pas d'une différence de savoir entre celui qui attribue le théorème dit « de Gödel » à Gödel et celui qui a découvert que ce théorème est dû à Schmidt ? Appelons U^1 l'univers du premier, U^2 l'univers du second. Dans l'univers U^1, on fait bien référence au x appelé « Gödel ». Mais dans U^2, on sait que c'est là une erreur et que l'auteur du théorème n'est autre que Schmidt. Dans U^2, on peut dire : « "Gödel", c'est Schmidt », ou « Gödel », mis entre guillemets, n'est qu'une réplique de l'univers U^1. Le *nous* de « Quand nous parlons de Gödel » n'est rien d'autre que l'univers U^2.

La référence s'opère forcément dans un univers donné. Dès lors que l'on mêle les univers de croyance, plus rien n'arrête l'inconséquence. Toutes les contradictions se justifieront. Qu'on se rappelle le type : *Cette erreur n'en était pas une*. Singulière affirmation, pourtant parfaitement recevable. C'est qu'en fait, il faut lire : *Cette « erreur » n'en était pas une*, où *erreur* relève d'un autre univers : « ce que j'ai cru ou que quelqu'un d'autre a cru être une erreur, je sais que ce n'est pas une erreur ». Les mêmes observations valent pour l'exemple de Christophe Colomb ou pour celui de Walter Scott confondu avec Salvador Dali[27], ou encore pour tel exemple développé par K. Donnellan[28] : *L'homme là-bas qui a du champagne dans son verre est content*. En fait, il a de l'eau dans son verre. Mais quelle importance ? Ce qui compte, c'est que le locuteur *croie* que c'est du champagne et qu'il estime cette précision nécessaire pour que l'interlocuteur puisse identifier la personne dont il veut parler.

La vérité de l'énoncé linguistique est toujours relative (en dehors des phrases analytiques[29]) à un univers donné. De même la référence s'opère dans un univers déterminé. C'est brouiller le jeu que d'y accepter des cartes truquées — par l'erreur ou par la tromperie. A l'instant, j'entends ceci à France-Musique : *Le quatuor en fa majeur opus 3 n° 5 de Haydn n'est pas de Haydn*. Une telle contradiction ne trouve sa solution que dans le passage d'un univers à un autre (d'un savoir à un autre, si l'on préfère). G. Kleiber se demande[30] comment expliquer «qu'on puisse, en dehors de tout acte référentiel précis, interpréter l'énoncé *Paul a bu du Riesling*, si on n'accorde aucun sens au nom propre». C'est pourtant fort simple. Il y a bel et bien acte référentiel précis. Dans l'univers de celui qui parle (ou que le linguiste fait parler, peu importe), *Paul* réfère à un personnage donné ; le locuteur dit l'identifier ou du moins feint de l'identifier (ce qui est la même chose quant aux mécanismes en cause).

Les univers de croyance forment (Dieu merci) des systèmes modifiables. Si l'on me convainc que j'attribue à Walter Scott ce qui revient à Salvador Dali, alors je modifierai dans mon univers le nom de l'être que je croyais Walter Scott et l'appellerai «Salvador Dali». D'un univers U^i, je serai passé à un univers U^j. A chaque univers ses possibilités référentielles. De même, l'ensemble des univers peut se modifier : il en est ainsi quand on passe d'un état de connaissance à un autre, quand la conception change que la communauté avait de l'atome, de la foudre ou du tigre. Mais alors la langue elle-même n'est plus ce qu'elle était.

Au demeurant, cette notion d'*univers* joue implicitement un certain rôle dans les conceptions de S. Kripke. On sait que l'idée du «descripteur rigide» s'allie à ce qu'on appelle la «théorie causale». Cela signifie que la nomination (le «baptême») s'opère chez un locuteur ou un groupe de locuteurs donnés (par ostension ou par description) et que de là le nom se transmet à d'autres. La référence reste possible aussi longtemps que la chaîne n'est pas rompue. N'est-ce pas reconnaître le lien de la référence aux univers de croyance ? Ailleurs[31], S. Kripke fait un sort à la référence vague. Il se peut que pour tel ou tel Schiller soit un poète allemand, sans plus. Rien n'empêche ce locuteur, qui pourtant ne sait rien d'autre de Schiller, de faire référence à Schiller. Il lui suffit de penser qu'il existe au moins un univers (notamment celui de l'interlocuteur) où ce nom s'allie à une description identifiable (*Qui est Schiller ?*). De savoir que Schiller est un poète allemand ne permet certes pas de le distinguer des autres poètes allemands. Mais en utilisant le NP «Schiller», on suppose au moins que la discrimination est possible, que les connaissances nécessaires pour l'opérer peuvent être acquises[32]. On voit par là aussi que la notion d'univers est indispensable.

A supposer que les formules proposées ci-dessus aient un mérite, ce serait celui d'offrir, par le biais des univers de croyance, une sorte de synthèse des théories du NP. On y retrouve en effet l'idée du désignateur rigide (m_r étant le monde «référentiel» ou «monde de départ»), celle du prédicat de nomination (ETRE APPELE / N / $_x$), celle de la description déguisée (I_x dans le NP). Mais on y reconnaît surtout, quoique réinterprété, le désignateur vide de S. Mill: la variation de I à travers les univers de croyance oppose fortement le NP au NC, durablement lié aux contenus de langue.

Ainsi se dégagent quelques idées-force:

- Par nature, le NC tend à l'invariance dans tous les univers auxquels il appartient. Chaque fois qu'on l'évoque, il l'est dans son contenu invariant. Lorsque ce contenu change, tous les univers s'en trouvent progressivement affectés. Le nouveau contenu s'installe par une sorte de convention tacite. Le savoir de la communauté linguistique s'est alors modifié.

- Dans l'acte référentiel, le NC ne se départit pas de son contenu invariant. Celui-ci sert à fixer la référence dans le «monde référentiel». S'il est vrai que la «bouteille cassée» n'est plus une bouteille, elle a toutes les propriétés d'une bouteille dans le monde où la référence a lieu.

- L'acte référentiel s'opère dans un univers donné. C'est tel ou tel locuteur qui fait référence à tel ou tel objet. Peu importe que dans les faits la description qu'il propose soit ou non recevable. Il fait référence à l'objet auquel il pense s'appliquer la description qu'il en donne. La cohérence s'apprécie à l'intérieur d'un univers déterminé et non dans quelque autre, même si le locuteur se trompe ou qu'il cherche à tromper.

- En face du NC, le NP véhicule obligatoirement des prédications qui n'ont aucun caractère de stabilité d'un univers à l'autre. C'est en ce sens que les NP sont, comme le pensait S. Mill, des «désignateurs vides». Le prédicat de «ré-identification» ne relève pas du sens, pas plus que le «prédicat de nomination».

Il reste que la frontière n'est pas toujours facile à tracer. *Terre* est un NC, *Mars* un NP, du moins en français moderne. C'est que les distinctions grammaticales ne sont pas à chercher dans les choses, mais dans le point de vue que la langue impose aux choses. *Terre* est traité comme un NC, *Mars* est traité comme un NP. Ces choix sont aussi divers que les langues elles-mêmes.

NOTES

[1] Kleiber 1981.
[2] *Cf.* J. S. Mill, *Système de logique déductive et inductive*, trad. fr. par L. Peisse, 4e éd., Paris, Alcan, 1896, 35.
[3] Exemple de Kripke 1982, 15. Tous les renvois sont faits à la traduction française.
[4] Kleiber 1981, 328.
[5] Pour *le Pôle Nord*, c'est une autre affaire: *pôle* est évidemment un NC; quant aux points cardinaux, ils se rapprochent des noms de nombre en ce sens qu'ils s'appliquent à une infinité d'objets: *au nord de Paris, de Brazzaville, d'Helsinki...*
[6] Cette interprétation de Russell, généralement admise, est cependant contestée par F. Clementz 1983, 54.
[7] *Philosophische Untersuchungen*, § 79; Searle (1963).
[8] P. 20.
[9] Exemple inspiré de Kripke 1982, 67. Kripke veut seulement montrer que dans le cas de «Jack l'éventreur», c'est incontestablement une description qui fixe la référence.
[10] Diverses variantes de cette même conception sont examinées et critiquées par G. Kleiber 1981, 330-331.
[11] Kripke 1982, 55, à propos de William Kneale qui a formulé la même thèse du «prédicat de nomination».
[12] Le cas de l'ostension réduit ces prédications à de simples données spatiales.
[13] J.C. Pariente (1982, 40) évoque un disciple de Socrate disant du maître: *Si Socrate avait pris la fuite...* Et J.C. Pariente commente ainsi: «L'erreur serait de conclure que le référent est identifié dans le cadre de la supposition, c'est-à-dire que le disciple parle de quelqu'un qui s'est enfui d'Athènes; il ne cherche pas à énoncer ce qui est arrivé à un Socrate possible, qui a pris la fuite, mais ce qui aurait pu arriver à Socrate, à Socrate qui en fait est resté à Athènes».
[14] «... deux locuteurs n'attribuent sans doute jamais le même ensemble de propriétés à un individu donné»: R. Rivara frôle (1978, 33) l'idée des univers de croyance.
[15] *Cf.* Balayn-Meyer 1981, qui dressent un bon inventaire de tous ces usages.
[16] C'est un fait banal également qu'un même vocable serve d'appellatif (auquel cas il est NP) ou de NC:
Monsieur → *un monsieur;*
un grand-père → *Grand-Père.*

[17] Voir notre contribution au Colloque de Metz (1984) sur les déterminants («Les usages génériques de l'article et la pluralité»), *Actes*, Paris, Klincksieck, 1986, 187-202.
[18] Kleiber 1981, 248. Sur la définition de l'usage «potentiel», voir à nouveau notre contribution au Colloque de Metz.
[19] Alors que dans m_o la référence de *Président de la République* n'est autre que le concept de «*Président de la République*», la référence, vague, d'*Amédée Hugo* se fait à un *individu*.
[20] Autobiographie de l'actrice Simone Signoret (Seuil, 1976).
[21] «Pour les noms d'espèces, en conclut S. Kripke (1982, 123-124), comme pour le nom propre, la manière dont la référence est fixée n'a rien à voir avec sa signification».
[22] La différence de sous-catégorisation entraîne aussi toutes sortes de différences dans le fonctionnement syntaxique (par exemple *la rue Le Bihan / la rue de Paris; cf.* Noailly-Le Bihan 1983).
[23] *Cf.* Kleiber 1981, 368-369.
[24] *Cf.* Bromberger 1982, 109.
[25] Kleiber 1981, 320 («Différence de présomption identifiante»). Notons aussi que la «plénitude référentielle» n'est atteinte qu'avec certains noms communs (notamment avec ceux qui désignent une position sociale, un métier). *J'ai fait venir le type* demande aussi une prédication supplémentaire si l'interlocuteur ne sait rien de ce «type».
[26] Kripke 1982, 71-72.
[27] Kripke 1982, 73 et 21.
[28] Cité par Kripke 1982, 14.
[29] Voir le chapitre suivant.
[30] P. 357.
[31] «Il n'est pas nécessaire que les propriétés auxquelles pense le locuteur soient singularisantes» (p. 95).
[32] Dans ce cas, l'univers du *je* ne se confond pas avec l'univers envisagé dans la forme définitoire du NP ($\exists$ U, ...).

Chapitre XI
Univers de croyance et phrase analytique*

Certaines phrases sont vraies en vertu de leurs sens : leur vérité vient sans plus de la conformité aux règles du langage ; elles n'ont pas à être confrontées avec le réel :

Le triangle est une figure géométrique.
La chaise a un dossier et pas de bras.
Le buccin est un mollusque.

Indépendantes de toute vérification empirique, de telles phrases ne sauraient être fausses. On les appelle les «phrases analytiques».

La difficulté, c'est qu'elles ne sont pas seules à posséder la propriété d'être nécessairement vraies, vraies dans tous les mondes possibles : il en est de même de tous les énoncés dits «universels», tous ceux qui, énonçant les lois immuables de la nature, ne sauraient être infirmés que dans des mondes contrefactuels :

Le fer fond à 1500°.
Son poids atomique est de 56.
Le temps de gestation de l'homme est de 9 mois environ.
Le bois est opaque...

---

* Ce chapitre est la version réaménagée d'un article paru dans *Langages* 79 (1985) sous le titre de «Aspects de la phrase analytique».

Lieu d'une «généricité» maximale, ces phrases intemporelles, quoique nécessairement vraies, ne le sont pas en vertu de leur sens: elles véhiculent un contenu cognitif que seule l'expérience a pu établir.

La vérité dans les mondes possibles n'est donc pas un critère suffisant pour la définition de l'analyticité. Pour préciser, s'agissant du langage naturel, ce qu'est «être vrai en vertu du sens», on examinera tout d'abord divers critères définitoires qui ont pu être proposés (I). On aboutira ainsi à une définition où sera mise à profit la notion d'univers de croyance (II). Dans un examen critique, on montrera ensuite les difficultés qui subsistent (III).

I. Critères définitoires

La définition de l'analyticité se fonde sur des critères variés[1]. Tantôt est utilisée l'absence de contenu cognitif: est analytique l'énoncé vide d'information. Tantôt on renvoie au fonctionnement du langage, l'analyticité étant alors conçue comme une forme de vérité interne au langage lui-même. Tantôt encore on recourt aux présuppositions: est alors analytique l'énoncé qui se présuppose lui-même. Chacune de ces approches éclaire assurément un aspect important du phénomène. Mais la première mène à une impasse et les deux autres achoppent sur diverses difficultés.

A. *L'analyticité comme absence de contenu cognitif*

La phrase analytique est tautologique, circulaire si l'on veut: elle n'apprend rien. Une telle conception se rattache plus ou moins à la tradition kantienne. Pour Kant, comme on sait, est analytique le jugement qui, par analyse, dégage ce qui est déjà contenu dans le sujet. On se rappelle la page célèbre sur l'étendue des corps. La qualité d'étendue est inhérente au concept de corps. Par conséquent, dire d'un corps qu'il est étendu, c'est formuler un jugement tout entier prévisible par l'analyse même du sujet[2].

Mais pour qui veut définir la phrase analytique, le critère d'informativité couvre à la fois trop et pas assez:
- trop, parce qu'il vaut pour tous les faits de redondance;
- pas assez, parce que les phrases analytiques sont loin d'être toujours vides de contenu.

1. Analyticité et redondance

En linguistique, la tautologie est souvent assimilée aux faits de redondance. Ainsi pour Littré, elle est le « vice d'élocution par lequel on redit toujours la même chose »; dans « les formules de droit » notamment, c'est le « nom donné aux répétitions de mots consacrés. Ainsi *vente faite et consommée* est une tautologie à deux termes ». Le *Dict. du fr. contemp.* considère aussi la tautologie comme la « répétition de la même idée sous une autre forme ». Et si le *PRob.* quitte le terrain de la rhétorique pour celui de la logique, il ne s'en réfère pas moins (sous le sens « 1 ») à la conception kantienne de l'analyticité, en définissant la tautologie comme un « vice logique consistant à présenter comme ayant un sens [= un contenu cognitif] une proposition dont le prédicat ne dit rien de plus que le sujet ».

Or les faits de redondance s'éloignent sensiblement du phénomène d'analyticité, qu'il s'agisse de la redondance de sèmes, de marques, de mots ou de phrases[3].

- La redondance sémique peut être appelée par les nécessités de la prédication. Dans *vivre une vie heureuse* ou *vivre sa vie*, l'adjectif *heureuse* ou le possessif *sa* ne peuvent se rapporter qu'à un substantif : d'où la reprise de *vie* comme « objet interne ». De même dans *prévenir suffisamment à l'avance*, l'adverbe *suffisamment* justifie le complément *à l'avance* auquel il se rapporte, quelle qu'en soit la redondance. Le tonnerre est un grondement; mais une forme comme *grondement du tonnerre* permet de sélectionner, parmi tous les grondements possibles, celui dont il s'agit. De même pour le *sentiment d'amitié*, si l'on admet que l'amitié est un sentiment. Ailleurs la redondance sémique mène au pléonasme. Ainsi dans la *panacée universelle*.

- La redondance de marques assure la cohésion syntagmatique[4]. Strictement codifiée, elle peut être double, triple, quadruple, voire plus. Ainsi dans cette phrase: *Il a épousé une petite danseuse*. Le féminin y est marqué quatre fois: par le verbe *épouser* dont le sujet est *il* et qui fait donc attendre un objet du féminin; par l'article *une*, par l'adjectif *petite*, par le suffixe *-euse*.

- La répétition de mots vient généralement d'un besoin d'insistance : *Elle est très très gentille. C'est mignon mignon*. Ailleurs, non sans effet humoristique, la reprise d'un vocable signifie le degré zéro dans un paradigme (*café décaféiné ou café café?*). Le philologue qui n'est que philologue sera le *philologue philologue*.

- La réduplication synonymique ou figure de synonymie (*être sûr et certain*), illustrée aussi bien dans le style biblique que dans la rhétorique latine ou la littérature médiévale, peut s'expliquer par une insistance comparable ou, plus simplement, par le souci de se faire comprendre (en ancien français, l'un des deux vocables est souvent de formation savante, l'autre de formation populaire; ou bien l'un est d'origine germanique, l'autre d'origine latine)[5].

- Quant à la répétition de phrases, elle s'accompagne d'une forte affectivité. On répète ce qui tient à cœur, qui scandalise, qui étonne ou qui émeut :

- *C'est un voleur.*
- *Il te le rendra.*
- *C'est un voleur!*
- *Je te dis qu'il te le rendra!*

- Le truisme ou lapalissade[6] est la vérité d'évidence, celle qui n'a pas à être dite. Une telle notion est naturellement relative au degré de connaissance. Ce qui est évident pour les uns ne l'est pas nécessairement pour d'autres.

Ces faits de redondance ne se confondent donc pas avec l'analyticité. Comment une phrase répétée serait-elle vraie en vertu de son sens? L'idée d'informativité trouve là ses limites.

2. *Analyticité et information*

Au reste, l'informativité conduit à l'impasse si l'on veut bien observer qu'une phrase analytique est loin d'être toujours une tautologie au sens ordinaire, c'est-à-dire une phrase vide de contenu. Qui se targuerait de connaître tous les mots du dictionnaire, même d'un dictionnaire d'usage courant comme le *PRob.*[7]? Prenons au hasard les mots en *bu-* : qu'est-ce qu'un bubon? un buccin? un bucrane? une bugle? une bugrane? un bull-finch? le buna? un bupreste? un bure? un burgau? un buron? une busserole? le butadiène? un butome? Est-on censé savoir, en tant que locuteur français, que le buccin est un mollusque? Il l'est pourtant par définition, tout comme le chimpanzé est un singe et le merle un oiseau. Pour beaucoup, *Le buccin est un mollusque* est donc pleinement informatif. Si l'analyticité devait s'exercer dans un champ de vocables dont il est certain que chacun les connaît, ce champ serait singulièrement réduit, même si les locuteurs admis dans cette communauté de l'analytique étaient tous des «natifs» adultes. Il paraît décidément difficile de confondre l'analyticité avec le vide informatif.

B. L'analyticité comme vérité interne au langage

Tournons à présent le regard du côté des conceptions néo-positivistes de l'empirisme logique et voyons si l'analyticité du langage naturel s'en accommode. Pour Wittgenstein, et à sa suite pour le cercle de Vienne, la vérité d'une proposition est analytique si son établissement dépend uniquement des règles que comporte le langage dans lequel cette proposition est formulée. Déterminée par le langage lui-même («L-détermination» pour Carnap), cette vérité s'oppose à celle des faits («F-détermination» de Carnap). Le Cercle de Vienne estimant que la logique et les mathématiques se réduisent intégralement à un système de tautologies, l'opposition est tranchée entre la vérité interne aux langages formalisables et la vérité factuelle liée à la connaissance du monde.

C'est à ce type de vérité que se réfère J.J. Katz lorsque, en 1966[8], il transpose en linguistique la notion d'analyticité[9]. Une phrase est analytiquement vraie si le langage lui-même en garantit la vérité: *Les célibataires ne sont pas mariés*. Elle est analytiquement fausse, si elle comporte en elle une contradiction linguistique: *Les célibataires sont mariés*.

Mais une telle transposition ne va pas sans grincements. Les langues naturelles n'ont pas le caractère *a priori* des langages construits. Si les phrases analytiques n'ont pas à être confrontées aux données du monde, il n'en demeure pas moins qu'elles sont vérifiées dans les faits: le buccin est effectivement un mollusque, le chimpanzé est effectivement un singe[10]. Leur conformité obligée aux données du monde les éloigne beaucoup des théorèmes d'un langage formel. Certes une tautologie comme «$(p \lor \sim p)$» se vérifie elle aussi dans la réalité. Pierre est là ou il n'est pas là: cela est conforté par les faits. Mais beaucoup de théorèmes des langages formels, même des plus élémentaires comme la logique des propositions, ont un caractère aussi peu intuitif que possible, rejoignant en cela la logique trivalente de Lukasiewicz, voire la géométrie contre-intuitive de Riemann ou celle de Lobatchewski: qu'on se rappelle seulement la formalisation possible de la logique des propositions à partir du seul opérateur d'incompatibilité et au moyen d'un seul axiome, mais extrêmement compliqué. En revanche, sous peine de sombrer dans la logomachie, le langage naturel est toujours en étroite connexion avec le réel. L'analyticité y est donc *a posteriori*, non pas au sens de Kant, mais au sens proposé par G. Kalinowski: c'est une analyticité seconde par rapport à l'expérience du monde et non pas fixée par quelque convention explicite et préalable.

162 LANGAGE ET CROYANCE

Du fait même elle ne va pas sans aléas. Les langues naturelles se prêtent à une multiplicité de systématisations sémantiques. S'il n'en existait qu'une, tous les dictionnaires — mise à part l'erreur — devraient être identiques, aux exemples près qu'ils citent. On sait combien ils diffèrent. Pour un même vocable, pris dans le même sens, un grand nombre de définitions sont possibles. Prenons au hasard le mot *courage*. Pour les uns, c'est une disposition de l'âme ou de l'esprit[11], pour d'autres, c'est la fermeté de cœur[12], pour d'autres encore un sentiment ou bien la force d'âme, l'énergie morale qui fait braver le danger et supporter la souffrance[13]. Si l'on pense que cette diversité vient du caractère abstrait de *courage*, qu'on se reporte aux définitions du chocolat, la chose du monde la plus délicieusement concrète : substance alimentaire diront les uns; pâte alimentaire solidifiée diront d'autres et d'autres encore : aliment, sorte de pâte, produit (comestible), mélange de... Selon que l'on considère le coffre comme un meuble ou comme une caisse[14], la bouche comme un orifice ou comme une cavité[15], le loquet comme une fermeture ou comme une barre[16], la définition aura une allure bien différente. De fait, chaque mot se situe à la croisée de systèmes définitoires divers.

La construction sémantique dépend même en partie de données pragmatiques[17].

Ainsi la double opposition :
/ sur rail /
/ en ville /

pour rendre compte du quadruplet *train, tramway, autobus, autocar*, dont tous les termes désignent des moyens de transport collectif, conduit à deux arbres logiquement équivalents :

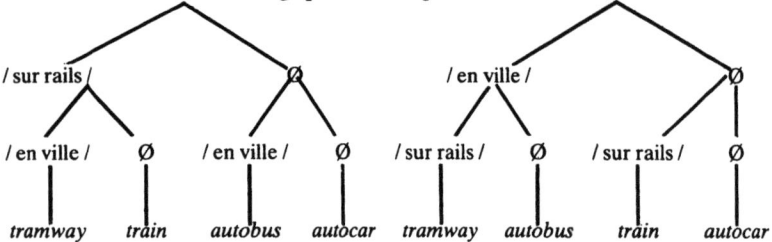

Ces arbres n'ont pas cependant, mais pour des raisons pragmatiques, la même pertinence. Le second est préférable au premier, parce qu'on imagine aisément une situation où l'on a le choix entre le tramway et l'autobus, alors qu'on voit mal qu'il faille opter entre l'autobus et l'autocar.

Tous ces faits donnent à penser que la notion d'analyticité n'a pas, dans le langage ordinaire, la rigueur qui est la sienne dans les langues artificielles. Elle n'a de contenu strict que dans un système sémantique construit auquel, dans une convention *a posteriori*, on a donné la préférence sur tous les systèmes possibles. C'est dire que le critère d'intériorité au langage n'a pas non plus la pertinence qu'il peut avoir ailleurs.

C. *L'analyticité comme vérité qui se présuppose elle-même*

A date plus récente, on a tenté de décrire l'analyticité linguistique au moyen du concept de présupposition: ainsi J.J. Katz dès 1972. Est analytique une phrase qui se présuppose elle-même et qui du fait même n'asserte rien. L'intérêt d'une telle approche dépend de la définition qui est donnée de la présupposition. Considérons la forme classique:

$(p \rightarrow q)$: Déf. $(p \Rightarrow q) \wedge (\sim p \Rightarrow q)$.

Une phrase sera analytique ($^\wedge p$) ssi:

$(p \Rightarrow p) \wedge (\sim p \Rightarrow p)$.

Cela revient à dire que p doit être toujours vrai, vrai dans tous les mondes possibles. Dans la définition classique, le concept de présupposition n'apporte donc rien de plus que celui de nécessité, et le problème reste entier de circonscrire correctement, dans l'ensemble des phrases nécessairement vraies, le sous-ensemble des phrases analytiques.

En revanche, le recours à une troisième valeur de vérité, le «ni vrai ni faux» (V/F), peut conduire, par-delà la présupposition, à une conception éclairante de l'analyticité.

On dit qu'une proposition p présuppose q ssi, q étant faux, p n'est ni vrai ni faux. Ainsi p sera analytique si, la présupposition p étant fausse, p n'est en fait ni vrai, ni faux.

Tout le problème est dans le commentaire de ce «en fait». C'est là que nous proposons de recourir aux univers de croyance.

II. Essai de redéfinition

L'indécidabilité jouera un rôle déterminant dans l'approche de la phrase analytique que nous suggérons. Admettons qu'une phrase analytique soit celle qui se présuppose elle-même. Pour qui sait que p est analytique, la négation de *p* par un locuteur quelconque amènera à conclure que ce locuteur, *en fait* ne comprend pas *p*, que *p* n'appartient pas à son univers. Je sais quant à moi que le buccin est un mollusque. Si Pierre met cette proposition en doute ou qu'il la nie, je peux sans hésitation en déduire qu'il ne sait pas ce qu'est un buccin et qu'ainsi la phrase *Le buccin est un mollusque* n'a pas de sens pour lui.

L'idée qu'une phrase analytique peut parfaitement ne pas appartenir à tel ou tel univers de croyance paraît extrêmement importante pour l'approche de cette notion. La vérité dans les mondes possibles n'est opérante comme critère définitoire que dans ceux des univers où la proposition en cause est décidable. Si la phrase analytique est une phrase vraie en vertu de son sens, l'idée affleure que tout locuteur compétent devrait l'accepter pour vraie. Sans la possibilité de la déclarer indécidable, une telle conception conduirait à l'impasse, puisque l'ensemble des phrases analytiques devrait se réduire à l'intersection des connaissances linguistiques partagées par les locuteurs «compétents». L'ignorance d'un seul devrait logiquement amener à modifier le tout, ce qui paraît tout de même une singulière limitation!

Moyennant l'idée d'univers et celle, corrélative, d'indécidabilité, on en vient ainsi à formuler la définition suivante de l'analyticité:

p est une phrase analytique ssi,
dans tout univers U où *p* est décidable,
p est vrai dans tout monde possible m de U.

L'avantage d'une telle conception est au moins double:

- Une phrase peut être analytique même si elle n'est décidable que dans un nombre restreint d'univers. En d'autres termes, le statut analytique s'acquiert dans ceux des univers où *p* est décidable, où il a du sens. Du même coup le modalisateur épistémique se conçoit lui aussi facilement:

- *Qu'est-ce qu'un buccin?*
- *Je crois que / Il me semble que / Si je ne me trompe... c'est un mollusque.*

- Les phrases analytiques ne se confondent plus avec les phrases universelles. Ce qui est universellement vrai (en vertu des lois de la nature) n'est pas forcément connu ou admis par le locuteur qui comprend ce qui est dit. Reprenons la phrase *Le fer fond à 1500°*. Elle est pour moi pleinement intelligible. Je sais ce qu'il faut pour qu'elle soit vraie: que le fer chauffé devienne liquide à une température mesurable de 1500°. Cette phrase, dont je suis en mesure de spécifier les conditions de vérité, est donc pour moi décidable. Je lui attribue du sens. Mais je peux naturellement ignorer si la température de fusion du fer est de 1500°. Et dès lors que je m'interroge sur sa vérité, *p* n'a plus dans mon univers statut de phrase nécessairement vraie. L'absence de consensus entraînera que *p* n'est pas analytique.

Une phrase analytique est universelle en ce sens qu'elle appartient à tous les mondes possibles dans tous les univers de croyance où elle est décidable, alors que le sous-ensemble des univers où *p* est nécessairement vrai sans être analytique peut se réduire, à la limite, au seul univers du locuteur qui donne *p* pour nécessairement vrai. Ainsi Pierre croit que le fer fond à 40°, sans trop se rendre compte que, s'il en était ainsi, la tour Eiffel aurait fondu depuis bien longtemps! Il n'en demeure pas moins que *Le fer fond à 40°* est, dans l'univers de Pierre, nécessairement vrai.

La définition proposée de la phrase analytique a donc pour avantage de lier le nécessairement vrai aux univers de croyance. Du fait même naît l'idée d'une sorte de méta-univers, qui n'est d'aucune façon l'univers du «linguiste omniscient», mais qui a une définition statistique: relativement à une proposition *p*, le méta-univers est l'ensemble des univers où *p* est décidable. Ainsi, là où le jugement formulé par un échantillon de locuteurs compétents tend vers le consensus du vrai — on sait que ce consensus n'est jamais absolu —, on déclarera «analytique» l'énoncé en cause: *p* est analytique s'il est vrai dans tous les mondes possibles du méta-univers.

C'est dire que les phrases analytiques sont vraies en tant que phrases. Parmi toutes les phrases possibles, ce sont les seules à posséder cette propriété. Les autres phrases n'acquièrent la valeur vrai (ou faux) que dans le passage à l'énoncé. Dans la phrase analytique, les conditions de vérité se confondent avec le vrai; une phrase analytique énonce ses propres conditions de vérité:

	phrase ⟶	énoncé
p	lieu des conditions de vérité	lieu du vrai et du faux
^*p*	lieu du vrai	(vrai)

III. Examen critique de la définition proposée

Ainsi conçue, l'analyticité ne peut donc se déclarer que dans le méta-univers. C'est l'ensemble des locuteurs qui garantissent le caractère analytique en estimant, conjointement, que la phrase est nécessairement vraie. On observera cependant qu'il existe évidemment des connaissances partagées, c'est-à-dire communes à tous les univers de croyance, qui n'ont rien de linguistique; et dès lors, les propositions qui les décrivent tombent, à tort, dans le champ de la définition proposée. Ainsi la phrase *Le bois est opaque* sera vraisemblablement tenue pour vraie par tous ceux qui la comprennent: tous les locuteurs sont en mesure de répartir les objets du monde en objets opaques et en objets transparents. Mais est-ce le sens de *opaque* et de *transparent* qui autorise ce partage? On voit poindre là une difficulté considérable.

Des critères complémentaires se révèlent donc nécessaires pour éliminer du lot les propositions indésirables. Nous allons essayer de montrer que l'analyticité doit être liée, par-delà la vérité dans tous les mondes possibles du méta-univers, soit à la «tautologie naturelle», soit à l'activité définitoire.

A. *Analyticité et « tautologie naturelle »*

Certaines formes du langage naturel ont assurément pour tout locuteur un caractère analytique. Ressenties comme des tautologies, elles sont du type «A = A». Ce type affirme une équivalence que, sous peine de contradiction, tout langage doit assumer:

L'équivalence peut être celle d'arguments, que ce soit des individus:
Ma maison, c'est ma maison
Pierre, c'est Pierre

des concepts:
La subversion, c'est la subversion

ou des classes:
Les affaires sont les affaires.

Un cas particulier est fourni par le type *Une femme est une femme* où l'on dit, littéralement, qu'un individu pris au hasard dans une classe appartient bien à cette classe. Pour dépasser leur défaut de contenu, tous ces exemples ont en commun que la seconde occurrence du substantif y est lue comme un lieu de propriétés. En fonction de la situation, et dans une lecture sélective, l'une d'elles se trouvera privilégiée. Ainsi *Ma maison, c'est ma maison* signifiera par exemple que je suis maître chez moi, que je peux y recevoir qui je veux, que je peux y faire ce que bon me semble, ou encore que j'y supporte mal les intrus.

Notons aussi que l'attribut du sujet peut céder la place à un attribut de l'objet, comme dans cette phrase de La Bruyère[18]: *Une femme regarde toujours un homme comme un homme.*

L'équivalence peut être aussi celle de prédicats :

- dans les tournures avec l'infinitif : *Voler, c'est voler*;

- dans des tournures relatives avec antécédent neutre (*ce*) : *Ce que j'ai écrit, je l'ai écrit*; plus rarement avec un autre antécédent : *Un candidat qui a échoué a échoué* (par exemple au sens de : «peu importe qu'il ait été ou non en ballottage»);

- dans des tours marquant la simultanéité de faits identiques : *Quand j'écoute de la musique, j'écoute de la musique;*

- dans les tours hypothétiques où la protase est identique à l'apodose : *S'il a échoué, il a échoué*[19].

Le type «A = A» peut opérer enfin sur le plan métalinguistique :

- *Le mot «chimpanzé» désigne le chimpanzé.* Cela est vrai en vertu du sens de *désigner*. De même pour *Si le chimpanzé est un singe, alors «chimpanzé» désigne un singe.*

- *Lire, c'est nécessairement lire quelque chose.* Cela revient à dire que *lire* est un verbe transitif.

B. *Analyticité et activité définitoire*

L'énoncé générique peut aussi être réputé analytique chaque fois qu'il est définitoire. Ce principe va sans difficulté quand la définition est une définition de mots et non pas une définition de choses nommées. Il en est de diverses espèces : type synonymique (*Le fric, c'est l'argent* = «ce qu'on appelle *fric*, c'est la même chose que ce qu'on appelle *argent*»); type antonymique (*Les célibataires ne sont pas mariés :* en disant cela, j'ai conscience de remplacer un mot par une tournure équivalente, sans me prononcer sur les choses elles-mêmes); type dérivatif (*Le refus, c'est le fait de refuser; Répondre négativement, c'est répondre de façon négative; Est transformable, ce qui peut se transformer...*).

Le caractère analytique de l'énoncé définitoire s'impose également quand celui-ci, formulé a priori, est de nature technique et stipulatoire. Situé dans une taxinomie dont les traits sont hiérarchisés et pertinents, le chat du zoologiste tombe sous une convention qui éloigne fort par sa rigueur du stéréotype malléable de l'usage quotidien. Plus banalement, dans le domaine de l'alimentation par exemple, on décidera (décret du 19.12.1910) qu'un produit ne peut être sans abus dénommé *chocolat* que si la teneur en poudre de cacao atteint 32 %. Pour dire de pâtes qu'elles sont aux œufs, il y faut au moins trois œufs par kilogramme. En l'occurrence, est analytiquement vrai ce qui est conforme à la convention adoptée. Ainsi toutes sortes de codes interfèrent constamment avec le langage ordinaire: le code des convenances, le code des jeux, le code de la route[20]... L'analyticité se situe du fait même au carrefour de systèmes où des conventions diverses viennent enrichir, préciser, modifier l'analyticité du langage naturel.

Ailleurs, dans la définition a posteriori de choses nommées, les limites de l'analyticité s'estompent. Cela tient à deux raisons.

1. La langue dispose certes de formes propres pour définir les choses:

Qu'est-ce que c'est qu'un x/être x/x^{er}?

Qu'est-ce qu'un buccin? Qu'est-ce que c'est qu'«un buccin»? Un buccin, c'est...

Qu'est-ce qu'être burelé? Etre burelé, c'est...

Qu'est-ce que «budgétiser» une dépense? Budgétiser une dépense, c'est...

L'ennui, c'est que ces formes servent aussi à isoler des traits pseudo-définitoires. *Un intellectuel, c'est quelqu'un qui se couche tard, qui travaille en buvant du café et qui fume sans arrêt.* Il n'est pas possible, du moins formellement, de faire le départ avec la définition véritable.

Rem. Il existe une véritable activité définitoire à rebours. C'est la superposition possible des univers de croyance qui l'autorise. Ainsi dans le type *Des vacances sans baignade, ce ne sont pas des vacances.* On part d'un univers où la baignade n'a aucune pertinence définitoire (où les vacances sont les vacances avec ou sans baignade). Puis le locuteur construit dans son propre univers un concept de vacances où ce trait acquiert une valeur déterminante («dans tout monde possible, les vacances comportent la baignade; sinon ce qui est appelé «vacances» ne doit pas être appelé ainsi»):

U_{on}	U_{LOC}
$\Diamond$ (x = VACANCES)	V_m, si x = VACANCES
avec ou sans baignade	alors x comporte la baignade

La subjectivité de ce type de définition apparaît nettement dans des phrases que beaucoup rejetteraient avec effroi: *Un mari qui ne fait pas les courses, le ménage, la cuisine, la vaisselle, la lessive et le repassage, ce n'est pas un mari.* Le type *Pour des vacances, c'étaient des vacances* présuppose le fonctionnement que l'on vient de décrire. On peut l'interpréter ainsi: «Pour moi, les autres vacances, en comparaison, ce ne sont pas des vacances».

2. Il existe toujours, même dans l'activité définitoire véritable, plusieurs solutions possibles. Le flou des contenus linguistiques, la diversité des prédications universelles que les mots autorisent, l'incidence possible, comme on l'a dit plus haut, de choix pragmatiques, condui-

sent à une pluralité de systèmes dont chacun fournit le reflet partiel d'une réalité plus riche.

Observons sur un exemple simple en quoi peut consister la tâche du lexicographe et notons pour le mot *chat* les traits que les dictionnaires lui affectent :

Chat est défini par

animal ou mammifère	carnassier ou carnivore qui chasse de nuit (*Lar. lang. fr.*) les souris et les rats (*Ac., TLF*)	domestique familier	digititrade (*Littré, Rob., Nouv. Lar. ill.*) à ongles rétractiles
à museau court et arrondi à mâchoires fortes (*Nouv. Lar. ill.*)	à poil doux (*PRob.*) à pelage souvent gris ou noir (*TLF*)	aux yeux oblongs et brillants (*PRob.*)	aux oreilles triangulaires (*PRob.*).

Il est bien évident que tous ces traits ne sont pas distinctifs (existe-t-il un animal qui les aurait tous à l'exception de la forme triangulaire des oreilles?). En fait le propos du lexicographe est de sélectionner parmi des énoncés nécessairement vrais[21], « concevables comme analytiques »[22], pour peu qu'on puisse les adapter à des structures définitoires, ceux qui paraissent acceptés par le plus grand nombre de locuteurs. Certes les traits retenus doivent isoler l'objet sans confusion possible. Mais ils peuvent être bien plus nombreux que la seule pertinence ne le requiert. Le lexicographe construit un «stéréotype» au sens de H. Putnam.

Ainsi, ce n'est qu'une fois le système élaboré que l'analyticité prend un sens strict : sont analytiques les prédications que le système prévoit. L'analyticité, en d'autres termes, est alors déterminée par le système lui-même. Une définition n'a pas de pertinence en soi; elle ne l'acquiert que dans un système construit.

En résumé, pour être analytique, un énoncé doit répondre aux conditions définitoires suivantes :

- être vrai dans tout monde possible de tout univers de croyance où il est décidable;

- être ou bien de la forme «A = A» ou bien de forme définitoire;

- dans ce dernier cas, être une définition de mots, ou bien une définition a priori, ou encore une définition a posteriori mais entrant dans un système construit.

NOTES

[1] *Cf.* Piaget 1967, 91.
[2] Kant, éd. 1963, 37.
[3] Nombreuses illustrations de tous ces types dans Buyssens 1970.
[4] Idée développée essentiellement par J. Dubois, *Gr. structurale*, t. 1, Paris, Larousse, 1965.
[5] Pour l'ancien français, *cf.* Schon (P.M.), *Studien zum Stil der frühen französischen Prosa*, Frankfurt, Klostermann, 1960.
[6] *Truisme* appartient au langage philosophique; *lapalissade* au langage ordinaire (par allusion à la chanson naïve composée peu après la mort du seigneur de La Palice).
[7] A fortiori les quelque 500.000 vocables différents que comporte la «banque de mots» de l'INaLF!
[8] 1971, p. 160 et suiv.
[9] Notion transposée ensuite en sémiotique (le «jugement sémiotique») par U. Eco. *Cf.* Rey-Debove 1978b, 326.
[10] «Bien sûr, 'l'homme est un animal raisonnable' est analytiquement évident comme vrai en vertu des règles sémantiques concernant les termes 'homme' et 'animal raisonnable'. Mais ces règles n'ont pas été créées et construites conventionnellement *a priori*; elles ont été forgées à dessein de manière à assurer l'accord de l'énoncé 'l'homme est un animal raisonnable' avec la réalité objective, transcendante par rapport au sujet connaissant parce qu'en réalité l'homme est un animal raisonnable» (Kalinowski 1982, 14).
[11] *Ac., Guérin.*
[12] *Littré, PRob., Quillet* 1965, *Lar. lang. fr*
[13] *Besch.* 1845, *Lar. 19ᵉ, TLF.*
[14] *Cf.* Pottier 1965, 36-37.
[15] Orifice pour le *DFC*, cavité pour le *PRob.*
[16] Fermeture pour le *PRob.*, barre pour le *DFC.*
[17] Rastier 1984, 44.
[18] Citée par Buyssens 1970, 39.
[19] L'existence de toutes ces phrases jette un doute sur l'explication proposée par G. Kleiber (1978, 41-43) sur l'impossibilité de *Ce chimpanzé est un singe.*
Ma maison, c'est ma maison est analytiquement vrai et pourtant l'interlocuteur peut rétorquer: — *Mais tu n'as pas de maison!* Au reste, *Ce chimpanzé est un singe* n'est pas totalement exclu: *N'oublie pas que ce chimpanzé est un singe; ne lui en demande pas trop!*
[20] *La tour avance en ligne droite, horizontale ou verticale* est analytiquement vrai à l'intérieur du code des échecs.
Les voitures circulent à droite est analytiquement vrai, en France et dans d'autres pays, en vertu du code de la route.
[21] Parmi les «composants», *cf.* Martin 1976, 137.
[22] Burton - Roberts 1977.

Conclusion

Il faut convenir qu'au fil de l'ouvrage la notion d'univers de croyance s'est singulièrement compliquée. On ose croire cependant que ce n'est pas en vain, que les contours se sont précisés et que l'efficacité explicative de la notion s'en est accrue.

Un assemblage quelconque *p* est déclaré *indécidable* — et conséquemment rejeté hors de l'univers de croyance :
- s'il y est inintelligible, c'est-à-dire si ses conditions de vérité n'y sont pas énumérables, ce qui revient à n'inscrire *p* dans aucun monde possible, ni potentiel, ni contrefactuel;
- si, quoique intelligible, *p* présuppose *q* et que *q* soit faux dans tout monde possible, cas d'absurdité où *q* serait à la fois vrai et faux dans tous les mondes possibles; ou bien si *p* présuppose *q* dans l'intervalle *i* et que *q* soit faux dans *i*, cas de discordance où *q* serait à la fois vrai et faux dans l'intervalle *i*.

L'ensemble des propositions décidables forme l'*univers virtuel* du locuteur. Une proposition *décidable*, vraie ou fausse, se situe ou non dans le sous-ensemble, présumé *consistant*, des propositions consciemment assumées. Ce sous-ensemble constitue l'*univers actuel*. Les opérateurs *croire* et *savoir* marquent par excellence, et selon des modalités complexes que nous avons tenté de débrouiller, l'appartenance à l'univers actuel.

On conçoit que dans le temps (dit ici *de dicto*) les univers de croyance fluctuent. On conçoit aussi que les états de croyance dépassés — de même que tout univers de croyance que le locuteur évoque — laissent des traces dans mon univers actuel: de là la notion d'*image*, dont on a voulu montrer la puissance explicative.

Un des intérêts des univers de croyance est de se prêter à la quantification. L'ensemble des univers où p est décidable peut être dit le *méta-univers* de p. L'inintelligibilité (ou l'absurdité) dans le méta-univers n'est autre que la mauvaise formation sémantique. Pour être analytique, une proposition doit être vraie dans tous les mondes possibles du méta-univers. La fausseté en est inimaginable, car elle mettrait en cause les règles même du langage dans lequel la proposition est formulée. C'est ce qui oppose la phrase analytique à la phrase nécessaire mais non analytique: la vérité de celle-ci ne peut être généralisée à l'ensemble des univers où elle est décidable.

Dans ce passage de la subjectivité («est vrai ce que le locuteur donne pour vrai») à l'analyticité («est vrai ce que tous les locuteurs tiennent pour vrai»), la vérité, d'abord ébranlée par l'abandon de la conception «tarskienne», retrouve un semblant de solidité. La convergence dans les univers garantit la validité linguistique, et celle-ci a toutes les apparences de l'objectivité. Encore faut-il ajouter que, dans ce parcours, une phase essentielle a été volontairement occultée: c'est celle qui, dans le dialogue, fait naître une vérité partagée, la vérité dialogique si l'on préfère. Le dialogue tend à modifier l'état de croyance de ceux qui y participent et le concept de validation dans un univers donné joue alors un rôle déterminant.

A titre d'illustration, essayons de réinterpréter en termes d'univers de croyance un exemple, légèrement modifié, développé par A. Stalnaker (1984, 64-65). Supposons que dans un dialogue à trois personnages (Marie, Pierre et Jacques), Marie en vienne à dire à Pierre: *Tu es fou* et que Jacques comprenne que cette phrase, destinée à Pierre, lui est destinée à lui-même. Il semble naturel de penser qu'aucun des personnages ne se tient lui-même pour fou. Supposons que Jacques, s'il avait bien compris Marie, eût souscrit à ce qu'elle a dit. Supposons encore que Pierre pense, quant à lui, que Jacques est fou.

Dans une matrice à double entrée (voisine de celle de Stalnaker), ou peut représenter les valeurs de

p (Ce que Marie a voulu dire: *Pierre est fou*)
p' (Ce que Pierre a compris que Marie disait; ici $p' = p$)
p'' (Ce que Jacques a compris que Marie disait; ici: *Jacques est fou*)
dans les univers de Marie, de Pierre et de Jacques:

	U_{Marie}	U_{Pierre}	$U_{Jacques}$
p	V	F	V
$p' = p$	V	F	V
p''	F	V	F

L'ennui, c'est que ces valeurs sont toutes reconstruites par le «linguiste omniscient»; en particulier, rien ne permet de se prononcer, sinon par des conventions tout à fait extérieures au dialogue (celles qu'on a ci-dessus énumérées), sur ce que Marie et Pierre pensent de p'' et sur ce que Jacques pense de p. Un tableau plus conforme à la réalité dialogique serait celui-ci :

	U_{Marie}	U_{Pierre}	$U_{Jacques}$
p	V	F	?
$p' = p$	V	F	?
p''	?	?	F

La différence «$p'' \neq p$» marque la méprise de Jacques. Sans doute a-t-il une opinion sur Pierre. Mais le dialogue évoqué ne permet pas d'en juger.

La notion de «vérité dialogique», à laquelle ce travail n'a pas touché, conduirait sans doute à distinguer trois niveaux :

celui de la *phrase*, lieu *des conditions de vérité*, communes à tous les univers où cette phrase est décidable	celui de *l'énoncé*, lieu de la vérité telle que le locuteur la prend en charge dans son propre univers	celui du *dialogue*, lieu de la vérité reconnue ou au contraire contestée.

La référence opérerait elle aussi à tous ces niveaux :

celui de la phrase, lieu *des conditions de référence* (par exemple utiliser une description définie, c'est laisser entendre que dans la situation où l'on est l'objet est présumé identifiable)	celui de *l'énoncé*, lieu de la référence telle que le locuteur l'opère à partir de son propre univers de croyance (en disant *l'homme qui tient un verre de Martini à la main*, le locuteur réfère à la personne qu'il croit tenir un verre de Martini à la main)	celui du *dialogue*, où la référence réussit ou échoue (selon que l'interlocuteur parvient ou non à faire coïncider les données de son propre univers avec celui du locuteur).

Tout porte à croire que, dans le domaine de la dialogique, les univers de croyance ne sont pas dénués d'intérêt. Mais il faudrait, pour le montrer, des investigations approfondies et d'autant plus difficiles à mener que la dialogique est devenue un lieu de recherche en pleine effervescence.

Une autre question, déterminante, à laquelle pourtant il n'a guère été touché, serait de situer la notion d'univers de croyance dans l'entier de la théorie sémantique.

Si l'on veut bien admettre qu'une des finalités de la théorie est de fournir du sens — par nature inobservable — une représentation adéquate, formulée dans un langage construit, parfaitement explicite, et permettant, quelle que soit la phrase envisagée, d'en calculer toutes les conséquences sémantiques, si l'on veut bien adopter une forme de langage sémantico-logique reliable aux valeurs de vérité, alors les univers de croyance constituent une pièce maîtresse de la construction. Définis ici en termes de contenu (comme des ensembles de propositions), les univers de croyance supposent aussi tout un jeu de coordonnées :

- un «point indexical», point origine du système référentiel (le *ego-hic-nunc*, t_o de U_{je});

- des paramètres qui définissent, à partir du «point indexical», un espace tridimensionnel, comportant un axe de mondes possibles (m_o, m, $\bar{m}$), un autre d'intervalles temporels (formant le temps *de re*), un autre encore de variables d'objets (lieu de quantification). Le temps *de dicto* apparaît comme la quatrième dimension du système (voir le schéma de la p. 175).

Une phrase — toute phrase — est le lieu d'une double détermination :

- celle, prédicative, de la *forme propositionnelle*, composition complexe de prédicats;

- celle, désignative, de la *valeur de vérité*, assignée dans l'univers de croyance à la forme propositionnelle de départ et obtenue, au moyen du «modalisateur», par la saturation des paramètres que l'univers comporte.

En somme, les univers de croyance sont le lieu où des formes propositionnelles prennent des valeurs de vérité: c'est dire assez qu'ils se situent à la base de l'édifice théorique.

CONCLUSION 175

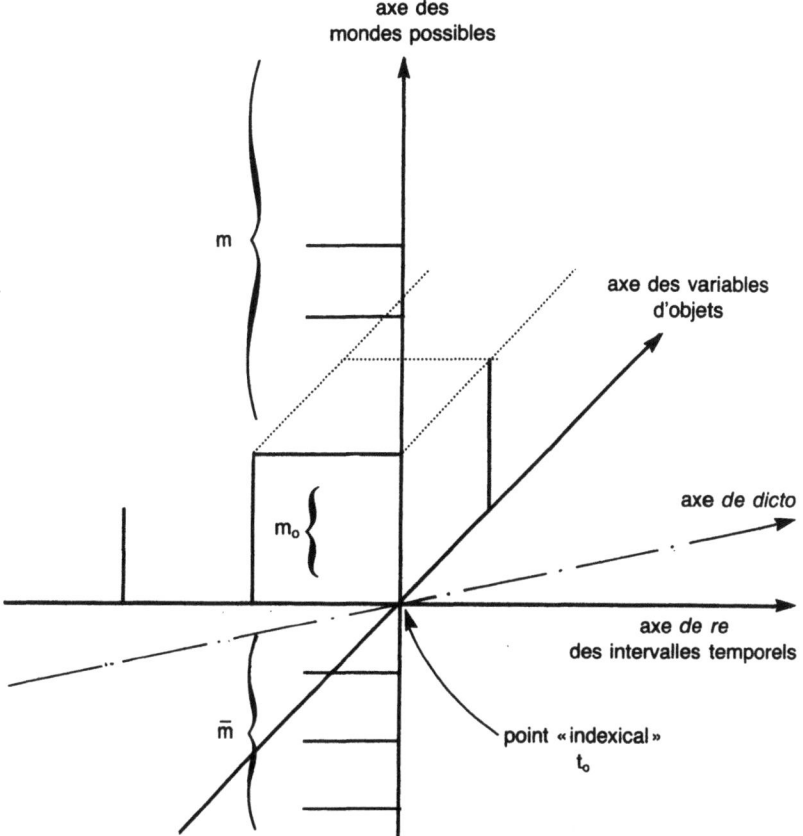

Bibliographie

I. BIBLIOGRAPHIE GENERALE

N.B. La bibliographie générale (I) comporte aussi, sous forme de sigles, les renvois aux bibliographies particulières (II).

ALEXANDRESCU, S. (1976), Sur les modalités *croire* et *savoir*, *Langages* 43, 19-27.
ANSCOMBRE, J.-C., DUCROT, O. (1983), *L'argumentation dans la langue*, Bruxelles, Mardaga, 184 p.
BALAYN, J.-D., MEYER, B. (1981), Autour de l'antonomase de nom propre, *Poétique* 46, 183-199.
BENCIVENGA, E. (1983), An Epistemic Theory of Reference, *J. Philos.* 80, 785-791.
BERRENDONNER, A. (1976), Le fantôme de la vérité, *in*: *Ling. et sémiol.*, 4. [Repris dans *Eléments de pragmatique linguistique*, Paris, Minuit, 1982, chap. 4].
BERRENDONNER, A. (1981), Zéro pour la question. Syntaxe et sémantique des interrogations directes, *Cah. Ling. fr.* 2, 41-69.
BLANCHÉ, R. (1968), *Introduction à la logique contemporaine*, 4ᵉ éd., Paris, Colin, 208 p.
BLAU, U. (1978), *Die dreiwertige Logik der Sprache*, Berlin, New York, Walter de Gruyter, X-276 p.
BLUMENTHAL (1973), v. II B.
BORILLO, A. (1981), Quelques aspects de la question rhétorique en français, *DRLAV* 25, 1-32.
BORILLO, A. (1982), Deux aspects de la modalité assertive: *croire* et *savoir*, *Langages* 67, 33-53.
BOURQUIN (1984), v. II B.
BOUVERESSE, J. (1978), L'identité et la signification des noms propres chez Frege et Kripke, *Sigma* 3, 1-18.
BROMBERGER, Ch. (1982), Pour une analyse anthropologique des noms de personnes, *Langages* 66, 103-122.

BURGE, T. (1978), Belief and Synonymy, *J. Philos.* 75, 119-138.
BURTON-ROBERTS, N. (1977), Generic Sentences and Analyticity, *In: Studies in Language*, 1, 155-196.
BUYSSENS, E. (1970), Tautologies, *Ling.* 6, 37-45.
CADIOT, A., DUCROT, O., FRADIN, B., NGUYEN, T.B. (1985), *Enfin*, marqueur métalinguistique, *J. Pragmatics*, 9, 199-239.
CHAROLLES, M. (1983), *En réalité* et *en fin de compte* et la résolution des oppositions, *in: Construction et transformation des objets du discours*, Actes du 3ᵉ Coll. Besançon-Neuchâtel, 1983, *Trav. du Centre de rech. sémiol.*, 47, II, 81-111.
CHEVALIER-LAUNAY-MOLHO (1983), v. II B.
CLEMENTZ, F. (1983), Théorie de la signification et théorie de la nomination, *H.E.L.*, 5, 37-68.
COQUET, J.-C. (1984), *Le discours et son sujet*, Paris, Klincksieck, 224 p.
COSERIU (1976), v. II D.
CRESSWELL, M.J. (1984), La compétence sémantique, *in:* Nef, éd., 37-60.
CRISTEA (1971), v. II A.
CULIOLI (1974), v. II C.
DARCUEIL (1980), v. II B.
DAVID-MARTIN, éd. (1980), v. II D.
DELAS, D. (1983), Vérité/fausseté/absurdité ou De la bleuité de la terre et des angelus, *Linx* 9, 131-145.
DELECHELLE (1983), t. II B.
DUCROT (1979), v. II D.
DUCROT, O. et al. (1980), *Les mots du discours*, Paris, Minuit, 248 p.
DUMMETT, M. (1975), Wang's Paradox, *in: Synthese* 1975, 301-324.
EGLF (1940), v. II A.
ELLIOT (1974), v. II C.
ERIKSSON (1985), v. II B.
FAUCONNIER, G. (1984), *Espaces mentaux*, Paris, Minuit, 221 p.
FELDMAN, R.H. (1977), Belief and Inscriptions, *Philos. Stud*, 32, 349-353.
FELDMAN, R.H. (1980), Saying Different Things, *Philos. Stud.* 38, 79-84.
FINE, K. (1975), Vagueness, Truth and Logic, *in: Synthese* 1975, 265-300.
FLEISCHMAN (1982), v. II D.
FRADIN (1977), v. II B.
FRADIN, B., MARANDIN, J.-M. (1979), Autour de la définition: de la lexicographie à la sémantique, *Lgue fr.* 43, 60-83.
FRÉDÉRIC, M. (1981), La tautologie dans le langage naturel, *Trav. Ling. Littér.* 19, 313-326.
GAATONE (1971), v. II A.
GALMICHE, M. (1983), L'utilisation des articles génériques comme mode de donation de la vérité, *Linx* 9, 27-87.
GALMICHE, M. (1985), Phrases, syntagmes et articles génériques, *Langages* 79, 2-39.
GARDIES (1975), v. II D.
GARDIES, J.-L. (1979), *Essai sur la logique des modalités*, Paris, PUF, 240 p.
GÉRARD (1980), v. II C.
GETTRUP-NØLKE (1984), v. II B.
GOCHET, P. (1978), *Quine en perspective*, Paris, Flammarion, 230 p.
GOCHET, P. (1983), La sémantique des situations, *H.E.L.* 5, 195-211.
GRANGER, G. (1982), A quoi servent les noms propres?, *Langages* 66, 21-36.
GREIMAS, A.-J. (1983), *Du sens II. Essais sémiotiques*, Paris, Seuil, 255 p. (*en partic.*: Le savoir et le croire: un seul univers cognitif, 115-133).
GRIZE, J.-B. (1982), *De la logique à l'argumentation*, Genève, Droz, 266 p.

GROSS, M. (1971), About the French Verb *to know*, *St. Ling.* 25, 122-124.
GROSS (1974), v. II C.
GRUNIG, R. (1982), La sémantique des mondes possibles et ses limites, *DRLAV* 26, 63-88.
GRUNIG, B.N., GRUNIG, R. (1985), *La fuite du sens*, Paris, Hatier-Crédif, 256 p.
GUILLAUME [1929], v. II D.
GUILLAUME, G. (1964), *Langage et science du langage*, Paris, Nizet, Québec, Presses de l'Univ. Laval, 288 p.
HAGÈGE, C. (1982), *La structure des langues*, Paris, PUF, 128 p. (Que sais-je?).
HELDNER (1981), v. II A.
HENRY (1977), v. II C.
HINTIKKA, J. (1962), *Knowledge and Belief, An Introduction to the Logic of the two Notions*, Ithaca, New York, Cornell Univ. Press, 179 p.
HINTIKKA, J. (1969), *Models for Modalities, Selected Essays*, Dordrecht, Boston, D. Reidel, 220 p.
HINTIKKA, J. (1981), Questions de réponses et bien d'autres questions encore, *Lgue fr.* 52, 56-69.
IMBS (1960), v. II D.
JACKENDOFF, R. (1975), On Belief Contexts, *Linguistic Inquiry* 6, 53-93.
JOLY (1972), v. II A.
KALINOWSKI, G. (1982), Vérité analytique et vérité logique, *Actes sémiotiques* 4, 40, 31 p.
KALINOWSKI, G. (1985), *Sémiotique et philosophie*, Paris-Amsterdam, Hadès-Benjamins, 295 p.
KANT, E. [1781], *Critique de la raison pure*, Paris, Garnier-Flammarion, 1976, 720 p. [*Kritik der reinen Vernunft*].
KARTTUNEN, L., PETERS, S. (1984), L'implicature conversationnelle, *in*: Nef, éd., 171-228.
KATZ, J.J. (1971), *La Philosophie du langage*, Paris, Payot, 272 p. [Trad. de *The Philosophy of Language*, 1966].
KATZ, J.J. (1972), *Semantic Theory*, New York, Harper and Row, XXVIII-464 p.
KERBRAT-ORECCHIONI, C. (1980), *L'énonciation, De la subjectivité dans le langage*, Paris, Colin, 290 p.
KLEIBER, G. (1978), Phrases et valeurs de vérité, *in*: *La Notion de recevabilité en ling.*, Paris, Klincksieck, 21-66.
KLEIBER, G. (1981), *Problèmes de référence: descriptions définies et noms propres*, Paris, Klincksieck, 1981, 540 p.
KLEIBER, G. (1983), Remarques sur la généricité et la spécificité, *Fr. mod.* 51, 36-49.
KLEIBER, G. (1985), Du côté de la généricité verbale: les approches quantificationnelles, *Langages* 79, 61-88.
KLEIBER, G., RIEGEL, M. (1978), Les «grammaires floues», *in*: *La Notion de recevabilité en ling.* Paris, Klincksieck, 67-123.
KLEIN (1980), v. II D.
KNAUSZ (1967), v. II D.
KRIPKE, S. (1982), *La logique des noms propres*, Paris, Minuit, 176 p. [Trad. de *Naming and Necessity*, 1972].
Langages 64, v. II D.
Langages 79 (1985), *Générique et généricité*.
LAUNEY (1983), v. II B.
LÉON (1971), v. II C.
LERAT, P. (1972), Le champ linguistique des verbes *croire* et *savoir*, *Cah. Lexicol.* 20, 53-63.

LESAGE (1985), v. II B.
LETOUBLON (1983), v. II B.
L'HERMITTE (1983), v. II B.
LS, MARTIN, R. (1983), *Pour une logique du sens*, Paris, PUF, 272 p.
LÜDTKE (1983), v. II C.
MARTIN (1966), v. II A.
MARTIN (1971), v. II D.
MARTIN, R. (1976), *Inférence, antonymie et paraphrase*, Paris, Klincksieck, 176 p.
MELLET (1980), v. II D.
METRICH (1983), v. II B.
MEYER, M. (1981), La conception problématologique du langage, *Lgue fr.* 52, 80-99.
MILNER (1974), (1977), (1978); v. II C.
MILNER (1979), v. II A.
MOIGNET (1959), v. II A.
MOIGNET, G. (1981), *Systématique de la langue française*, Paris, Klincksieck, XII-348 p.
MOESCHLER (1983), v. II B.
MOESCHLER-SPENGLER (1981), (1982), v. II B.
MOLINO, J. (1982), Le nom propre dans la langue, *Langages* 66, 5-20.
MOREL (1980), (1983), v. II B.
MULLER (1978), (1983), (1984), v. II A.
NEF, F. (1976), *De dicto, de re*, formule de Barcan et sémantique des mondes possibles, *Langages* 43, 28-38.
NEF, F. (1986), *Sémantique de la référence temporelle en français moderne*, Bern, P. Lang, X-321 p.
NEF, F., éd. (1984), *L'Analyse logique des langues naturelles*, anthol. préparée sous la dir. de F. Nef, Paris, CNRS, 242 p.
NGUYEN (1983), v. II B.
NOAILLY-LE BIHAN, M. (1983), Sur le statut spécifique des noms propres de personnes en français, *Trav. Ling. Littér.* 21, 247-259.
NØLKE, H. (1983), Les adverbes paradigmatisants: fonction et analyse. Numéro spécial de la *Revue romane* 23, 192 p.
PARIENTE, J.-C. (1982), Le nom propre et la prédication dans les langues naturelles, *Langages* 66, 37-65.
PARIS-TAMBA-MECZ (1983), v. II B.
PARRET, H., éd. (1983), *On Believing: Epistemological and Semiotic Approaches. De la croyance. Approches épistémologiques et sémiotiques*. Textes présentés par H. Parret, Berlin, New York, Walter de Gruyter, VIII-360 p.
PIAGET, J. (1967), Les méthodes de l'épistémologie, *in: Logique et connaissance scientifique*, Paris, Gallimard (Pléiade), 62-132.
PICOCHE, J. (1983), Savoir et connaître, *Foi et langage*, avril-juin 1982, 134-140.
POTT (1976), v. II B.
POTTIER, B. (1965), La définition sémantique dans les dictionnaires, *Trav. Ling. Littér.* 3, 33-39.
POTTIER, B. (1974), *Linguistique générale. Théorie et description*, Paris, Klincksieck, 340 p.
POTTIER, B. (1983), Le croire dans une perspective sémio-linguistique dynamique, *in*: Parret 1983, 267-273.
RASTIER, F. (1985), Typologie des composants sémantiques, *Quad. Sem.*, 11, 35-49.
RÉCANATI, F. (1983), La sémantique des noms propres: remarques sur la notion de «désignateur rigide», *Lgue fr.* 57, 106-118.

RÉMI-GIRAUD, S. (1986), Etude sémantique de *savoir* et *connaître*, *in: Sur le verbe*, Presses Univ. Lyon, 248-306.
REY-DEBOVE, J. (1978a), *Le Métalangage*, Paris, Le Robert, 320 p.
REY-DEBOVE, J. (1978b), Le sens de la tautologie, *Fr. mod.* 46, 318-332.
RIEGEL (1977), v. II B.
RIVARA, R. (1978), Les noms propres et la référence, *Sigma* 3, 19-59.
ROHRER, Ch. (1976), Materiale Implikation, strikte Implikation und kontrafaktive Bedingungssätze, *Ling. Berichte* 43, 12-22.
ROULET, E. (1982), De la structure logique du discours monologal, *Lang. Ling.* 8, 65-84.
ROUSSEAU (1983), v. II B.
RUWET (1982), v. II C.
SEARLE, J.R. (1963), Proper Names, *in: Philosophy and Ordinary Language*, éd. par C.E. Caton, Univ. of Illinois Press, 154-161.
SAKARI, A. (1977), Le Fr. *Savoir* et ses pendants dans d'autres langues, *Actes du 6ᵉ Congrès des Romanistes scandinaves*, Uppsala, 211-217.
SCHELLING, M. (1982), Quelques modalités de clôture: les conclusifs *finalement, en somme, au fond, de toute façon, Cah. ling. fr.* 4, 63-106.
SERBAT (1980), v. II D.
SOULHI, S. (1985), *Un système de déduction automatique pour la connaissance et la croyance. Contribution aux fondements théoriques de l'intelligence artificielle.* Thèse de Docteur-Ingénieur, Univ. Paul-Sabatier de Toulouse, 122 p.
SOUTET (1983), v. II B.
STAHL (1980), v. II D.
STALNAKER, R. (1984), L'assertion, *in:* Nef, éd., 61-83.
STAUF (1927), v. II A.
STAVINOHOVA (1980), v. II B.
STEN (1938), v. II A.
Synthese (1975), On the Logic Semantics of Vagueness, *Synthese* 30.
TAILLARDAT (1983), v. II B.
TIENSON, J.-L. (1982), Synonyms and the Objects of Belief, *Philos. Stud.* 42, 297-313.
TRAMALLONI, F. (1983), «Je crois que»: de l'affirmation atténuée à la conviction, *Semantikos* 7, 2, 62-66.
VALENTIN, éd. (1983), v. II B.
VALIN (1952), v. II A.
VALIN (1971), v. II D.
VENDRYÈS (1950), v. II A.
VET (1980), v. II D.
VET (1983), v. II D.
VEYRENC (1983), v. II B.
WILMET (1973), (1976a), v. II A.
WILMET (1976b), (1980), v. II D.
WUNDERLI (1981), v. II C.
ZEMB, J.-M. (1978), *Vergleichende Grammatik. Französisch-Deutsch*, Mannheim-Wien-Zürich, Dudenverlag, [X-] 897 p.
ZEMB (1980), v. II D.
ZEMB (1983), v. II B.

II. BIBLIOGRAPHIES PARTICULIERES
(relatives aux sujets traités dans les parties 3 et 4)

A. Le Ne explétif

CRISTEA, T. (1971), *La structure de la phrase négative en français contemporain*, Bucarest, Soc. roum. de ling. rom., 264 p.
EGLF, DAMOURETTE, J., PICHON, E. (1940), *Des mots à la pensée. Essai de grammaire de la langue française...*, Paris, d'Artrey, t. 6.
GAATONE, D. (1971), *Etude descriptive du système de la négation en français contemporain*, Genève, Droz, 238 p.
HELDNER, Ch. (1981), *La portée de la négation*, Stockholm, Univ. de Stockholm, 188 p.
JOLY, A. (1972), La négation dite «explétive» en vieil anglais et dans d'autres langues indo-européennes, *Et. angl.* 25, 1, 30-44.
MARTIN, R. (1966), *Le mot rien et ses concurrents dans l'histoire du français*, Paris, Klincksieck, 332 p.
MILNER, J.-C. (1979), Le système de la négation en français et l'opacité du sujet, *Lgue fr.* 44, 80-105. [Repris, avec des modifications, dans *Ordres et raisons de langue*, Paris, Seuil, 1982, 186-223].
MOIGNET, G. (1959), *Les signes de l'exception dans l'histoire du français*, Genève, Droz, 248 p.
MULLER, C. (1978), La négation explétive dans les constructions complétives, *Lgue fr.* 39, 76-103.
MULLER, C. (1983), Les comparatives du français et la négation, *Ling. Invest.* 7, 271-316.
MULLER, C. (1984), L'association négative, *Lgue fr.* 62, 59-94.
STAUF, I. (1927), *Recherches sur «ne» redondant* (IXe au XVIIe s.), Paris, Rousseau, 268 p.
STEN, H. (1938), *Naegtelserne i Fransk*, Thèse de Copenhague, 391 p.
VALIN, R. (1952), *Esquisse d'une théorie des degrés de comparaison*, Québec, Laval, 20 p.
VENDRYÈS, J. (1950), Sur la négation abusive, *Bull. Soc. Ling. Paris*, 46, 1-18.
WILMET, M. (1973), Le traitement de la négation en grammaire générative et en psycho-mécanique du langage, Lille, Presses Univ., 55-87.
WILMET, M. (1976a), Le *ne* dit explétif: essai de définition, in: *Actes du XIIIe Congrès intern. de ling. et philol. rom.*, Québec, Laval, 1, 1075-1085.

B. La concession

BLUMENTHAL, P. (1973), Zur Logik des Konzessivsatzes am Beispiel des Französischen, *Vox rom.* 32, 272-280.
BOURQUIN, G. (1984), Discours de langue et discours de parole: les énoncés concessifs, *Ranam* 17, 7-33.
CHEVALIER, J.-C., LAUNAY, M., MOLHO, M. (1983), De la concession en espagnol (Le signifiant *aun* / *aunque*), in: Valentin, éd., 59-72.

DARCUEIL, J. (1980), Etude de l'expression de la concession en français, *Banque Mots* 20, 127-160.
DELECHELLE, G. (1983), La concession en anglais, *in*: Valentin, éd., 117-129.
ERIKSSON, O. (1985), L'emploi de *même si* dans les propositions concessives à valeur réelle, *Studia neophilol.* 57, 69-78.
FRADIN, B. (1977), *Les concessives extensionnelles en français moderne*, Thèse de 3ᵉ cycle, Univ. de Paris VIII, XXIV-458 p.
GETTRUP, H., NØLKE, H. (1984), Stratégies concessives: une étude de six adverbes français, *Revue romane*, 19, 3-47.
LAUNEY, M. (1983), Concession de phrase et concession particulière en nahuatl «classique», *in*: Valentin, éd., 145-162.
LESAGE, R. (1985), Note sur l'emploi du mode après *bien que*, *Langues et linguistique* 11, 175-190.
LETOUBLON, F. (1983), *Pourtant, cependant, quoique, bien que*: dérivation des expressions de l'opposition et de la concession. Colloque de pragmatique de Genève. 1. 1981. *Cah. Ling. fr.* 5, 85-110.
L'HERMITTE, R. (1983), L'expression de la concession en vieux-slave et en vieux-russe, *in*: Valentin, éd., 131-136.
METRICH, R. (1983), La concession en allemand moderne, *in*: Valentin, éd., 90-116.
MOESCHLER, J. (1983), Contraintes structurelles et contraintes d'enchaînement dans la description des connecteurs concessifs en conversation. Colloque de pragmatique de Genève. 1. 1981. *Cah. Ling. fr.* 5, 131-152.
MOESCHLER, J., SPENGLER, N. de (1981), *Quand même*: de la concession à la réfutation. *Cah. Ling. fr.* 2, 93-112.
MOESCHLER, J., SPENGLER, N. de (1982), La concession ou la réfutation interdite, approche argumentative et conversationnelle. *Cah. Ling. fr.* 4, 7-36.
MOREL, M.-A. (1980), *Etude sur les moyens grammaticaux et lexicaux propres à exprimer une concession en français moderne*, Thèse d'Etat, Univ. de Paris III, 2 vol., VII-630 p.
MOREL, M.-A. (1983), Caractères syntaxiques distinctifs de deux types de concession en français contemporain, *in*: Valentin, éd., 41-57.
NGUYEN, T.B. (1983), Concession et présupposition, *Mod. ling.*, 5, 1, 81-105.
PARIS, M.-C., TAMBA-MECZ, I. (1983), Quelques aspects de la concession en chinois et en japonais, *in*: Valentin, éd., 163-179.
ROUSSEAU, A. (1983), Pour une diachronie du lien concessif dans les langues germaniques anciennes, *in:* Valentin, éd., 73-89.
POTT, H. (1976), *Der Ausdruck der Konzessivität im Französischen*, Bern, Frankfurt/ M., München, Lang, VII-630 p.
RIEGEL, M. (1977), La représentation sémantique de *sans que*, *Trav. Ling. Littér.* 15, 1, 337-359.
SOUTET, O. (1983), Un aspect de la concession en ancien et moyen français, *in*: Valentin, éd. 23-39.
STAVINOHOVA, Z. (1980), L'expression des rapports concessifs dans les pièces de théâtre contemporaines. *Et. rom. Brno* 11, 59-67.
TAILLARDAT, J. (1983), La concession en grec ancien, *in*: Valentin, éd., 13-21.
VALENTIN, P., éd. (1983), *L'expression de la concession*, Actes du Colloque tenu les 3 et 4 déc. 1982 par le Départ. de ling. de l'Univ. de Paris-Sorbonne, réunis par P. Valentin, Paris, Sorbonne, 180 p. (Linguistica Palatina Colloquia I).
VEYRENC, J. (1983), La concession en russe moderne, *in*: Valentin, éd., 137-144.
ZEMB, J.-M. (1983), Qua re atque quo modo quocumque conceditur?, *Verbum* 6, 151-181.

C. La phrase exclamative

CULIOLI, A. (1974), A propos des énoncés exclamatifs, *Lgue fr.* 22, 6-15.
ELLIOT, D. (1974), Toward a Grammar of Exclamations, *Foundations of Language* 11, 231-246.
GÉRARD, J. (1980), *L'exclamation en français*, Tübingen, Niemeyer, X-138 p.
GROSS, M. (1974), A Remark about Plural Agreement between Determiner and Noun, *Linguistic Inquiry* 5. 620-622.
HENRY, A. (1977), *Etudes de syntaxe expressive*, Bruxelles, Ed. de l'Univ., 2ᵉ éd., 246 p.
LÉON, P. (1971), Systématique des fonctions expressives de l'intonation, *in: Essais de phono-stylistique*, Montréal, Paris, Bruxelles, 43-56.
LÜDTKE, J. (1983), Les exclamatives en catalan, *Mél. Mourin*, Romanica Gandensia, 20, 56-69.
MILNER, J.-C. (1974), Les exclamatives et le complementizer, *in: Actes du Colloque franco-allemand de grammaire transformationnelle*, Tübingen, Niemeyer, 78-121.
MILNER, J.-C. (1977), De l'interprétation exclamative comme valeur sémantique résiduelle, *in: Langue, théorie générative étendue*, éd., par M. Ronat, Paris, Hermann, 109-122.
MILNER, J.-C. (1978), *De la syntaxe à l'interprétation. Quantités, insultes, exclamations*, Paris, Seuil, 409 p. (*en partic.*, 252-313).
RUWET, N. (1982), Grammaire des insultes, *in: Grammaire des insultes et autres études*, Paris, Seuil, 239-314.
WUNDERLI, P. (1981), Compte rendu de Gérard 1980, *Vox rom.* 40, 253-258.

D. Temps de re et temps de dicto

COSERIU, E. (1976), *Das romanische Verbalsystem*, Tübingen, Narr, 198 p.
DAVID, J., MARTIN, R., éd. (1980), *La notion d'aspect*, coll. organisé par le Centre d'analyse syntaxique de l'Univ. de Metz (18-20 mai 1978), Paris, Klincksieck, 248 p.
DUCROT, O. (1979), L'imparfait en français, *Linguistische Berichte* 60, 1-23.
FLEISCHMAN, S. (1982), *The Future in Thought and Language. Diachronic Evidence from Romance*, Cambridge Univ. Press, X-218 p.
GARDIES, J.-L. (1975), *La logique du temps*, Paris, PUF, 160 p.
GUILLAUME, G. [1929], *Temps et verbe*, suivi de *L'architectonique du temps dans les langues classiques*, Paris, Champion, 1965, XX-134-67 p.
IMBS, P. (1960), *L'emploi des temps verbaux en français moderne, Essai de grammaire descriptive*, Paris, Klincksieck, VIII-272 p.
KLEIN, H.W. (1980), «Es hat geklingelt; das wird der Briefträger sein». Der Gebrauch des hypothetischen Futurs im Deutschen und Französischen, *Der fremdspr. Unterr.* 54, 140-143.
KNAUSZ, G. (1967), Zur logischen Analyse futurischer Sätze, *Studium Generale* 1, 41-52.
Langages 64 (1983), *Le Temps grammatical*.
MARTIN, R. (1971), *Temps et aspect, Essai sur l'emploi des temps narratifs en moyen français*, Paris, Klincksieck, 452 p.
MELLET, S. (1980), Le présent «historique» ou «de narration», *Inform. gr.* 4, 6-11.
SERBAT, G. (1980), La place du présent de l'indicatif dans le système des temps, *Inform. gr.* 7, 36-39.
STAHL, G. (1980), L'aspect dans le traitement logique *de re*, *in:* David-Martin, éd., 111-117.

VALIN, R. (1971), Introduction, *in: Leçons de linguistique de Gustave Guillaume, 1948-1949*, Québec, Presses de l'Univ. Laval, 9-58.
VET, C. (1980), *Temps, aspects et adverbes de temps en français contemporain, Essai de sémantique formelle*, Genève, Droz, 186 p.
VET, C. (1981), La notion de «monde possible» et le système temporel et aspectuel du français, *Langages* 64, 109-124.
WILMET, M. (1976b), *Etudes de morpho-syntaxe verbale*, Paris, Klincksieck, 208 p.
WILMET, M. (1980), Aspect grammatical, aspect sémantique, aspect lexical: un problème de limites, *in*: David-Martin, éd., 51-68.
ZEMB, J.-M. (1980), L'aspect, le mode et le temps, *in*: David-Martin, éd., 51-68.

Table des matières

Table des abréviations et des symboles 6
Introduction 9

Première partie: Définition des univers de croyance. Décidabilité et consistance .. 13

Chapitre I: Univers de croyance et décidabilité 15
I. Les propositions décidables 15
   A. Structure des univers de croyance 16
   B. Les images d'univers 19
II. Les propositions indécidables 21
   A. Indétermination de la phrase interrogative 21
   B. Indétermination des énoncés ambivalents 25
   C. Aspects de l'indécidable 27

Chapitre II: Univers de croyance et consistance 31
I. Consistance locale 32
II. Quelques notions apparentées 35

Deuxième partie: Les opérateurs épistémiques *savoir* et *croire* 41

Chapitre III: L'opérateur *savoir* 43
I. Les propriétés de *savoir que* 44
   A. Factivité 44
   B. Dissymétrie des usages direct et oblique 46
   C. Comportement de *Je ne sais pas que p* et rôle du verbe *dire* 47
II. Les propriétés de *savoir si* 48
   A. Présupposition de *savoir si* 48
   B. *Dire que / Dire si*. Le savoir et le non-dit 48
   C. Retour à la forme *Je sais si p* 50

Chapitre IV: L'opérateur *croire* 53
I. L'univers évoqué 54
   A. Orientation vers le vrai 54
   B. Saisies du cinétisme 56
   C. Fidélité du locuteur dans la restitution de l'univers évoqué 57
II. Emplois obliques et univers sous-jacent 59
   A. Orientation du cinétisme 59
   B. Saisies du cinétisme 60

Troisième partie: Les «images d'univers». Quelques applications 65

Chapitre V: Le *ne* dit «explétif» et les univers de croyance 67
I. Hypothèse 68
II. Typologie et contre-épreuve 70
III. Vers une vision unifiée du morphème *ne* 76
   A. L'hypothèse guillaumienne de la saisie précoce 76
   B. Hypothèse sémantico-logique et hypothèse de la saisie précoce 77

Chapitre VI: Concession et univers de croyance 81
I. Une relation hypothétique sous-jacente 82
II. Typologie des relations concessives 85
   A. La concessive complexe 86
   B. La concession indirecte 88
   C. La concession restrictive 88

Chapitre VII: La phrase exclamative et les univers de croyance 93
I. Essai de typologie 95
   A. Proximité de l'exclamation et de l'interrogation 95
   B. Limites du parallèle avec l'interrogation 96
   C. Vers une typologie 97
II. Sémantique de l'exclamative «non graduelle» 98
   A. L'évidence 98
   B. Exclamative «non graduelle» et image d'univers 99
III. Sémantique de l'exclamation «graduelle» 101
   A. L'évidence 101
   B. Exclamative «graduelle» et négation 104
   C. Exclamative «graduelle» et image d'univers 105

Quatrième partie: Fluctuation des univers de croyance. Le temps *de dicto* 109

Chapitre VIII: Temps *de re* et temps *de dicto* 111
I. Définition et réalité du temps *de dicto* 111
   A. Définition 111
   B. Pour l'autonomie de l'axe *de dicto* 114
II. Usages *de dicto* des formes temporelles 117
   A. Les tiroirs grammaticaux 117
   B. Les adverbes de temps 120

Chapitre IX: Temps *de dicto* et système grammatical des temps 127
I. Hypothèse 127
II. Conséquences 131

Cinquième partie: Quantification sur les univers de croyance. De la vérité subjective à la vérité analytique 135

Chapitre X: La notion d'univers de croyance dans la définition du nom propre . 137
  I. Conceptions exemplaires du nom propre 138
    A. De Stuart Mill à Saul Kripke 138
    B. Du «désignateur rigide» au «prédicat de nomination» 141
  II. Essai de synthèse et recours à la notion d'univers de croyance 144
    A. Hypothèse 145
    B. Discussion 147

Chapitre XI: Univers de croyance et phrase analytique 157
  I. Critères définitoires 158
    A. L'analyticité comme absence de contenu cognitif 158
    B. L'analyticité comme vérité interne au langage 161
    C. L'analyticité comme vérité qui se présuppose elle-même 163
  II. Essai de redéfinition 163
  III. Examen critique de la définition proposée 165
    A. Analyticité et «tautologie naturelle» 166
    B. Analyticité et activité définitoire 167

Conclusion 171
Bibliographie 177

PHILOSOPHIE ET LANGAGE
collection publiée sous la direction de MICHEL MEYER

Ouvrages déjà parus dans la même collection:

ANSCOMBRE / DUCROT: L'argumentation dans la langue

MAINGUENEAU: Genèses du discours

CASEBEER: Hermann Hesse

DOMINICY: La naissance de la grammaire moderne

BORILLO: Informatique pour les Sciences de l'homme

ISER: L'acte de lecture

HEYNDELS: La pensée fragmentée

SHERIDAN: Discours, sexualité et pouvoir (Michel Foucault)

MEYER: De la problématique

PARRET: Les passions

VERNANT: Introduction à la philosophie de la logique

COMMETTI: Musil

MARTIN: Langage et croyance

A paraître:

KREMER / MARIETTI: Les racines philosophiques de la science moderne

GELVEN: Etre et temps de Heidegger

LAUDAN: Critique de la raison scientifique

ROSEN: Philosophie et crise des valeurs contemporaines

HAARSCHER: La raison du plus fort

LATRAVERSE: Introduction à la Pragmatique (Perspectives critiques)

LARUELLE: Théorie de la décision philosophique

AVROUX: Histoire des idées linguistiques